최근 정치적 격변기를 지나고 있는 한국 사회에서 (극우) 기독교의 정치 참여 문제는 심각한 쟁점으로 떠오르고 있다. 이는 단순한 과거 사건이 아니라 현재 진행형의 문제다. 전광훈, 손현보 같은 선동적 목회자들의 극단적 우파 행태, 차별금지 논의를 오직 동성애 이슈로 축소·환원시켜 복음 이해를 단선적 차원에 머물게 하는 집회들, 뉴라이트 운동의 부상과 잠복과 재등장, 나아가 이단 집단들의 음습한 정치적 유착과 극우적 성경 해석 등은 이 책을 한국적 상황에서 더욱 의미 있게 읽도록 만드는 배경이 된다.

이 책은 미국 종교적 우파의 기원에 관한 대중적 신화를 철저히 무너뜨리고 새로운 시각을 제시한다. 흔히 "종교적 우파"가 낙태 반대에서 정치적 동력을 얻었다고 알려졌지만, 저자 랜달 발머는 그것이 허구이며 신화에 불과하다고 지적한다. 그의 주장에 따르면, 종교적 우파는 사실상 인종차별적 사고, 특히 내재적 백인 우월주의에서 비롯되었고 낙태는 대중 동원을 위한 포장 수단에 불과했다. 이는 한국에서 차별금지법 논쟁이 동성애 문제에 집중되며 전투적 우파 기독교를 형성해 온 모습과도 닮았다.

저자는 또한 역사적 맥락 속에서 종교적 우파를 설명한다. 19세기 대각성 운동 시기 복음주의가 반노예제나 여성 권리 등 사회개혁을 지지했지만, 20세기 후반에 들어 점차 문화와 정치에서 소극적으로 물러났다는 사실을 보여준다. 지혜로운 독자라면 이러한 맥락의 대비 속에서 오늘의 한국교회를 비추어 볼 통찰을 얻을 수 있을 것이다.

따라서 이 책은 단순히 미국 현대사에 관한 기록이 아니다. 물론 미국 현대사의 흐름에 대한 이해가 필요한 책이지만, 전체적인 논조는 분명하다. 권력과 신앙이 만나는 자리에는 언제나 "숨겨진 동기"가 있음을 드러내며, 오늘 한국교회와 정치의 관계를 성찰하게 한다. 종교적 신념이 어떻게 시대와 문화의 이해관계에 포섭될 수 있는지를 보여주는 경고의 책이기도 하다. 미국의 이야기 같지만, 결국은 우리의 이야기다. 목회자들은 정독하고, 신학생들은 시야를 넓히는 교재로 삼으며, 교회의 젊은이들은 열띤 토론을 통해 함께 고민하기를 권한다.

류호준
백석대학교 신학대학원 은퇴 교수, 현 다니엘의 샘 원장

이 책은 미국 복음주의운동의 영향권 하에 있는 교회들 가운데 정치적으로 극우적인 성향을 보여온 그룹을 "종교적 우파"라고 정의하면서, 이런 종교적 우파의 기원과 변천 과정을 역사적으로 되짚어보고 있다. 저자인 발머는 미국의 대각성 운동을 통해 시작되었던 미국 복음주의운동이 처음에는 미국 사회를 변혁하는 데 여러 면에서 크게 기여했다는 사실을 지적하고, 그러나 이런 복음주의운동이 점차 미국 주류 사회로부터 게토화되고 주변화되면서 결국에는 백인 우월적이고 인종차별적인 신념에 기초한 종교적 우파 같은 정치세력이 등장하게 되었다고 주장한다. 책의 원제목이 "나쁜 신앙: 인종과 종교적 우파의 발흥"인데, 정말 나쁜 신앙, 잘못된 신앙이 미국 사회와 미국 교회 안에서 어떻게 형성되고 변천되어왔는지 잘 알려준다. 이 책은 현재 미국 사회에서 정치적으로 큰 영향을 미치고 있는

종교적 우파에 대해 바르게 이해하도록 도움을 주는데, 한국 독자들은 이 책을 통해 "한국 사회에서도 크게 이슈화되고 있는 극우화된 기독교회들은 어떻게 시작되고 변천해왔는가?"라는 질문을 하게 될 것 같다. 미국 교회 안에서 극우 세력이 어떻게 시작되고 형성되었는지 좀 더 깊이 이해하고자 하는 분들에게 일독을 강추한다.

허성식
홍콩 다민족 공동체 담임 목회자, 선교신학 교수

나는 이 책을 기다려 왔다. 랜달 발머의 이 책은 미국이 어떻게 가장자리로 밀렸고 복음주의 교회가 어떻게 벼랑 끝으로 몰렸는지를 알기 원하는 모든 사람에게 필독서다. 발머의 이 책은 낙태가 아니라 백인 우월주의가 어떻게 과거에 종교적 우파(Religious Right)의 핵심적인 동기부여 요인이었고 지금도 계속 그 요인인지에 관한 이야기를 들려준다. 쉽게 읽을 수 있는 이 책은 강력한 펀치를 담고 있다. 모든 미국인은 다음번 선거에서 투표하기 전에 반드시 이 책을 읽어야 한다.

리사 샤론 하퍼 Lisa Sharon Harper
『매우 좋은 복음』(The Very Good Gospel) 저자

멋지고 읽기 쉬운 이 탐정 이야기는 종교적 우파가 모든 복음주의자를 대표하기는 고사하고 백인 우월주의를 옹호하는 집단 가운데서 최근에—그리고 정상을 벗어나—생겨났음을 숨겼다는 것을 보여준다. 미국 복음주의 기독교의 가장 영향력이 있는 역사가인 랜달 발머는 이 책에서 그 증거를 제시하고 복음주의 그리스도인들에게 그들의 실제 근원, 즉 예수의 가르침으로 돌아오라고 촉구한다.

일레인 페이절스 Elaine Pagels
프린스턴 대학교 해링턴 스페어 페인(Harrington Spear Paine) 종교 교수

이 책은 지난 반세기 동안 가장 강력하고 논란이 있는 정치 세력 중 하나인 종교적 우파에 대한 멋진 입문서다. 이 책은 낙태에 대한 항의가 정치적 영역에서 복음주의자들을 결집한 이슈였다는 깔끔한 내러티브를 뒤엎는다. 랜달 발머의 역사적 연구는 인종차별주의가 미국의 정치적·종교적 지형 형성에 핵심적인 역할을 했다는, 참되고 화나게 하는 이야기를 회복하도록 돕는다. 종교나 인종 또는 정치에 관해 또 다른 머리기사를 읽거나 또 다른 소셜 미디어 포스팅을 올리기 전에 이 책을 읽어보라.

제마르 티스비 Jemar Tisby
「뉴욕타임스」 베스트셀러 『타협의 색깔: 미국 교회의 인종차별주의 연루에 관한 진실』(The Color of Compromise: The Truth about the American Church's Complicity in Racism) 저자

설득력이 있고 시의적절하며 매우 중요한 이 책은 바로 종교적 우파의 결정적인 기원 이야기다. 발머는 종교적 우파가 원래 낙태 반대를 중심으로 조직되었다는 신화를 확실히 부수는 데 결정적으로 기여한다. 종교적 우파는 끔찍하게도 원래 사립 기독교 학교의 인종 차별 폐지에 반대하여 조직되었으며, 그들의 전술과 정치적 목표에서 언제나 인종차별적이었다. 따라서 그들이 최근에 트럼프주의를 수용한 것과 그들이 대표하는 모든 것은 백인 우월주의와 거의 50년 동안 형성되어 온 종교적 우파의 인종 불만 정치라는 독이 있는 나무의 열매다. 반드시 읽어야 할 책이다.

짐 월리스 Jim Wallis

「뉴욕타임스」 베스트셀러 『위기에 처한 그리스도?: 공포와 증오와 폭력의 시대에 예수를 되찾기』(Christ in Crisis? Reclaiming Jesus in a Time of Fear, Hate, and Violence) 저자

발머는 간결하고 우아한 산문에서 낙태가 종교적 우파를 탄생시킨 이슈였다는 신화를 깨뜨리고 불편한 사실을 알려준다. 종교적 우파는 언제나 인종에 관한 것이었다. 나아가 발머는 그 사실을 은폐한 것이 훗날 어떤 결과를 가져왔는지 숙고하라고 우리에게 요청하며, 그 고의적인 망각과 오늘날 종교적 우파가 백인 우월주의 및 인종차별주의 선동과 제휴한 것 사이의 심원한 연결 관계를 지적한다. 이 책은 우리 모두에게 인종, 종교, 정치와 현재 위기의 기원들 사이의 연결 관계에 관한 우리의 가정들을 재고하도록 초대한다.

캐서린 스튜어트 Katherine Stewart

『힘을 가진 예배자들: 위험한 종교적 국가주의 부상의 내부』
(The Power Worshippers: Inside the Dangerous Rise of Religious Nationalism) 저자

이제 복음주의자들이 좀 더 잘 이해할 때가 되었다. 그들은 중요하다. 트럼프 씨, 내가 더 말할 필요가 있나요? 나는 지난 1970년대와 1980년대에 거짓말에 기초한 공화당의 "생명 존중"(pro-life) 플랫폼 전략 유발에 기여한 사람으로서, 그리고 낙태를 결정적인 "리트머스 테스트"로 만드는 데 나와 내 부친 프란시스 쉐퍼(Francis Schaeffer)가 담당한 역할을 충심으로 회개한 사람으로서 발머가 이 책에서 폭로하는 솔직하고 불쾌한 진실을 읽은 것에 위안을 받는다. 미국은 극우 복음주의자들이 미국의 정치에 진입한 데 대해 큰 대가를 치렀다. 시의적절하다는 단어는 발머의 이 책을 묘사하기에 매우 부족하다. 트럼프 정권 시절 복음주의자와 공화당의 자멸적인 제휴로부터 그 이전의 역사를 발견하기 원하는 사람은 이 책을 읽을 필요가 있다.

프랭크 쉐퍼 Frank Schaeffer

『하나님에 미치다: 나는 어떻게 선택된 자 중 한 명으로 성장했고 종교적 우파를 설립하도록 도왔으며 그것의 (거의) 모든 것을 되돌리기 위해 살았는가』
(*Crazy for God: How I Grew Up as One of the Elect, Helped Found the Religious Right, and Lived to Take All (or Almost All) of It Back*) 저자

Bad Faith

Race and the Rise of the Religious Right

Randall Balmer

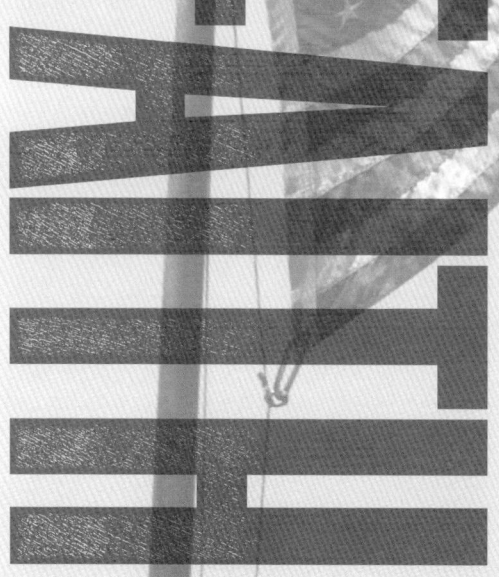

BAD FAITH

미국 종교적 우파의 기원과 본질

낙태와 동성애 이면에 감춰진 인종차별이라는 불편한 진실

랜달 발머 지음 | **노동래** 옮김

새물결플러스

아이오와주 디모인 소재

하일랜드파크 복음주의 자유교회

(Highland Park Evangelical Free Church) 주일학교의

내 동기생들에게 헌정합니다

나는 어떤 형태의 종교적 편협도 보고 싶지 않다. 종교적 근본주의자들과 정치적 우파들 사이의 결합은 나를 심란하게 할 것이다. 극우파는 종교를 조종하는 것 외에는 종교에 대한 관심이 전혀 없다.

빌리 그레이엄(Billy Graham),

「퍼레이드 매거진」(*Parade Magazine*), 1981

BAD FAITH

목차

서문 17

정의와 용어 23

1부 종교적 우파 이전의 복음주의   31

1장 진보적 복음주의의 출현   33

2장 세대주의의 방향 전환   43

3장 복음주의 하위문화 만들기   51

4장 시카고 선언과 지미 카터 대통령   59

2부 낙태 신화와 종교적 우파의 부상   69

5장 낙태 신화   71

6장 실제로 무슨 일이 일어났는가?   83

7장 낙태는 어떻게 된 것인가?   101

3부 그래서 어떻게 되었는가?   113

8장 1980년 대통령 선거   115

9장 낙태 신화가 왜 문제가 되는가?   123

후기 155

추가로 읽을 자료 159

서문

나는 1990년에 로널드 레이건(Ronald Reagan) 대통령 당선 10주년 기념으로 워싱턴 DC에서 열린 비공개 컨퍼런스에 초대받았다. 지금은 내가 그전 해에 미국의 복음주의에 관한 책인 『내 눈이 영광을 보았다: 미국의 복음주의 하위문화 안으로의 여행』(*Mine Eyes Have Seen the Glory: A Journey into the Evangelical Subculture in America*)을 출간해서 초대되었을 거라고 짐작하지만, 당시에 나는 내가 왜 초대받은 사람에 포함되었는지 알지 못했다. 나는 마지막 순간에 워싱턴에서 열리는 행사에 참석할지 말지를 두고 고심했던 것을 기억한다. 나는 가르치는 일과 어린 자녀를 돌보는 일로 바빠서 그 초대 수락을 재고했었다.

나는 그 컨퍼런스에 가기로 결정했는데, 작은 회의실에서 진행된 그 모임이 여러모로 학자로서 내 경로의 방향을 바꾸었다. 그 방에는 조지 마즈든(George Marsden)과 그랜트 웨커(Grant Wacker) 같은 동료 역사학자들뿐만 아니라 다음과 같은 종교적 우파의 유명 인사들도 있었다. 자유 의회 재단(Free Congress Foundation) 이사장 폴 웨이리치(Paul Weyrich), 보수적 대의를 위한 광고 메일의 거물 리처드 비거리(Richard Viguerie), 미국 가족 협회 창립자 도널드 와일드몬(Donald Wildmon), 기독교 연합(Christian Coalition) 집행 이사 랠프 리드(Ralph Reed), 남침례회 윤리 및 종교 자유 위원회 위원장 리처드 랜드(Richard Land), 「크리스채너티 투데이」(*Christianity Today*) 설립 편집인 칼 F. H. 헨리(Carl F. H. Henry), 도덕적 다수파(Moral Majority)에서 제리 폴웰(Jerry Falwell)의 대리인이었다가 후에 미시간주 그랜드래피즈의 복음주의 초대형 교회 목사가 된 에드 돕슨(Ed Dobson).

첫 번째 세션에서 종교적 우파(Religious Right)의 설계자 웨이리치가 열변을 토하기 시작했는데, 그는 그 발표에서 낙태가 종교적 우파의 출현과 아무 관련이 없다고 선언했다! 돕슨이 재빨리 동의했다.[1]

그 세션 직후의 휴식 시간에 나는 웨이리치를 만나내가 그를 정확하게 이해했는지 확인했다. 그는 단호했다. 그는 자기가 1964년 배리 골드워터(Barry Goldwater) 공화당 대선 후보 유세 이후 학교에서의 기도, 포르노그래피, 평등권 수정안, 낙태 같은 이슈들을 제기함으로써 복음주의 투표자들을 동원하려고 노력했지만, 미국 국세청이 인종 분리 학교들의 면세 지위에 도전하기 시작했을 때까지는 아무것도 복음주의 지도자들을 움직이지 못했다고 말했다.

나는 전에도 웨이리치의 극우 정치에 관심이 없었고

---

1   Michael Cromartie, ed., *No Longer Exiles: The Religious New Right in American Politics* (Washington, DC: Ethics and Public Policy Center, 1993), 52. 이 책은 그 컨퍼런스 발표 내용을 출간한 책이다.

지금도 관심이 없지만, 그의 진술은 그럴듯하게 들렸다. 당시에 나는 내 삶의 대부분을 방대하고 서로 맞물린 교회, 교파, 성경 캠프, 성경 연구소, 대학, 신학교, 출판사, 선교 단체 등 내가 복음주의 하위문화라고 부르는 것에 젖어서 보내고 있었다. 특히 내 부친은 40년 동안 미국 복음주의 자유 교회의 목사였고, 나는 어린 시절에 미네소타주의 남부, 미시간주, 아이오와주의 목사관에서 살았다. 나는 1주에 여러 번 교회에 출석했으며, 주일학교와 여름 성경 학교 및 성경 캠프에 참석했다. 우리 가족이 미시간주에서 살고 있었을 때 내 부친은 현재 미국 최대의 복음주의 캠프 중 하나가 된 스프링 힐 캠프스(Spring Hill Camps) 설립 배후의 원동력이었다.

내가 이 모든 것을 말한 이유는 부수적으로 복음주의자로서의 나의 신망을 확립하기 위함이다. 실제 목적은 나 자신이 20세기 중반에 복음주의자 진영에서 낙태가 대화의 주제가 아니었다고 기억하며, 따라서 웨이리치의 선언이 내게는 신뢰할 만했다고 말하기 위함이다. 종교적 우파(Religious Right)가 출현하기 시작한 시기인 1970년대에 나는 복음주의 학교인 일리노이주 디어필드 소재 트리니티 대학(Trinity College)에 입학하여 졸업했으며, 그 후 그 대학의 자매기관인 트리니티 복음주의 신학교(Trinity Evangelical Divinity)의 개발 부서에서 일했고, 그동안 시간제 학생으로서 교회사 분야 석사 학위 과정을 마쳤다. 마침 신학교 교수진 중 한 명인 해럴드 O. J. 브라운(Harold O. J. Brown)이 낙태에 관심을 기울이게 되었는데, 1970년대 후반에 대다수 복음주의자는 낙태를 "가톨릭의 문제"라고 생각했다. 하지만 그는 성경의 무오성—(더 이상 현존하지 않는) 성경의 원본은 전혀 오류가 없다는 개념—같이 난해한 교리들에 좀 더 관심이 있는 교수진에서 예외적인 국외자로 여겨졌다.[2]

---

2 트리니티 복음주의 신학교 동기인 Norman Bendroth에게 감사한다. 훗날 Brown의 조직인 기독교 행동 위원회(Christian Action Council)에서 일한 그는 2020년 8월 18일 전화 대화에서 Brown과 그 신학교에서의 낙태 이슈에 관한 내 기억을 확인해 주었다. 내 배경을 완전히 공개하기 위해 밝히자면, 나는 John D. Woodbridge의 지도하에 성경 무오

웨이리치의 진술을 계기로 나는 종교적 우파의 진정한 기원을 알아보기로 했다. 나는 제럴드 포드와 지미 카터와 로널드 레이건 대통령의 도서관들, 리버티 대학교와 밥 존스 대학교의 문서 보관소들, 래러미에 소재한 와이오밍 대학교에서의 폴 웨이리치의 문서들을 조사했다. 나는 또한 "인류에게 무슨 일이 일어났는가?"(*Whatever Happened to the Human Race?*)라는 낙태 반대 영화 시리즈를 제작한 프랭크 쉐퍼(Frank Schaeffer)와도 여러 번 대화했다. 그 영화에는 프랭크 쉐퍼의 부친인 프란시스 A. 쉐퍼(Francis A. Schaeffer)와 C. 에버레트 쿠프(C. Everett Koop)가 등장한다.

이 책은 내가 발견한 내용을 열거한다.

성 주제에 관한 석사 논문을 썼다. 다음 문헌들을 보라. Randall Balmer, "The Princetonians and Scripture: A Reconsideration," *Westminster Theological Journal* 44 (1982): 352–65; Balmer, "The Princetonians, Scripture, and Recent Scholarship," *Journal of Presbyterian History* 60 (1982): 267–70.

정의와 용어

많은 학자가 "복음주의자"(evangelical)라는 용어를 필요 이상으로 어렵게 만들려고 노력했다. "복음주의자"라는 말의 근원은 마태, 마가, 누가, 요한에 의해 쓰인 신약성경 앞부분의 처음 네 권의 책인 복음서들을 가리킨다. 그러므로 그 용어는 성경의 복음 또는 좋은 소식을 내포한다. 16세기에 마르틴 루터가 "복음을 재발견"함으로써 그 용어는 개신교의 색조를 띠게 되었다. 오늘날까지 독일 개신교 교회들은 **에반겔리쉐**(*Evangelische*)라는 명칭을 갖고 있다.

북미에서는 복음주의가 18세기 중엽에 내가 3P라고 부르는 것들—뉴잉글랜드의 청교도(Puritanism), 스코틀랜

드와 아일랜드의 장로교(Presbyterianism), 대륙의 경건주의
(Pietism)―이 합류하여 출현했다. 이 가닥들이 역사가들
에게 대각성(Great Awakening)이라고 알려진 종교적 열심
의 거대한 불을 지폈다. 오늘날까지 미국의 복음주의는 이
최초의 영향들의 흔적들―청교도들의 강박적인 내적 성
찰, 장로교도들의 교리상의 정확성, 경건주의에서 유래한
마음이 따뜻하고 정서적인 영성 강조―을 담고 있다.

미국의 복음주의는 제2차 부흥의 물결에 의해 추가
로 형성되었는데, 역사가들은 그것을 상상력이 없는 표현
인 제2차 대각성(Second Great Awakening)이라고 부른다. 그
것은 대략 1790년대에 발생해서 1830년대까지 계속되었
다. 이 시기에 복음주의는 사회개혁을 위한 의제를 개발했
는데 그것이 여러모로 미국의 도덕 관념을 형성했다.

그렇다면 무엇이 "복음주의적"이고 누가 "복음주의
자"인가? 나는 세 부분으로 이뤄진―삼위일체적인!―정
의를 선호한다.

첫째, 복음주의자는 성경이 하나님이 인간에게 주신

계시라고 믿는 사람이다. 그러므로 복음주의자들은 성경을 진지하게 그리고 때로는 문자적으로 읽는 경향이 있다. 비록 그들이 (다른 신자들과 마찬가지로) 대체로 선택적 문자주의 전략을 채택하지만 말이다.

둘째, 복음주의자들은 성경을 문자적으로 읽기 때문에 회심의 중요성을 믿는다. 그들은 그것을 신약성경에 포함된 요한복음 3장에서 도출한다. 거기서 유대인의 지도자인 니고데모가 밤에 예수께 와서 자기가 어떻게 하늘나라에 들어갈 수 있는지 질문한다. 예수는 그가 "거듭나야"(몇몇 번역에서는 "위로부터 나야") 한다고 대답하신다. 복음주의자들에게 있어 회심은 일반적으로 구원을 받아들이기 위해 죄에서 "멀어지는" 것으로 이해되며, "거듭나는" 경험은 (반드시 그런 것은 아니지만) 종종 극적이며 상당한 감정이 수반된다. 그것은 또한 일반적으로 그 시점을 추정할 수 있는 경험이다. 대다수 복음주의자는 자신의 회심 시기와 상황을 자세히 얘기할 수 있을 것이다.

마지막으로, 대다수 복음주의자는 다른 사람들을 신

앙으로 인도하는 "복음 전도"에 헌신한다. 이에 대한 성경의 근거는 복음주의자들이 대위임령이라고 인식하는 것이다. 이는 마가복음의 끝에서 예수가 자신의 추종자들에게 "너희는 온 천하에 다니며 만민에게 복음을 전파하라"라고 지시하신 내용이다. 그러나 복음주의자들은 흔히 스스로 복음을 전도하기보다는 선교사나 전도 담당 목사 또는 대형 교회의 전도 담당 직원 등 전문 직업인을 고용하여 그 일을 하게 한다. 하지만 대다수 복음주의자는 자기에게 다른 사람들을 신앙으로 인도할 책임이 있음을 긍정할 것이다.

숫자 면에서 살펴보자면, 설문 조사 데이터는 복음주의자들이 미국 인구의 25퍼센트에서 46퍼센트 사이임을 암시한다. 복음주의자들이 인구의 3분의 1을 차지한다는 것이 합리적인 추정치일 것이다.

1970년대에 출현한 정치적으로 보수적인 복음주의자들의 운동은 신 기독교 우파(New Christian Right), 기독교 우파(Christian Right), 종교적 우파(Religious Right) 등 많은 이름으로 불려왔는데, 나는 종교적 우파라는 이름을 선호한다.

그런 많은 명칭이 있는 데서 알 수 있듯이 그 용어는 정확한 용어라기보다는 근사치에 좀 더 가깝다. "종교적 우파"의 중앙 본부도 없고, "회원증을 지닌", 컴퓨터로 작성된 회원 명단도 없다. 그 명칭은 "세대"라는 단어처럼 편의상의 용어로서 정의하기가 쉽지 않다. 나는 "종교적 우파"라는 용어를, 1970년대 후반 이후 정치적·문화적·법적 사안에서 그들의 영향력을 행사하고자 한 정치적으로 보수적인 복음주의자들의 운동을 가리키는 데 사용한다. 근본주의자들이 모두 종교적 우파의 일부인 것은 아니지만 몇몇 관찰자는 그들을 근본주의자들이라고 부르며, 종교적 우파는 근본주의자들 외에 다른 많은 종류의 복음주의자들—오순절파—을 포함한다.[1]

---

1 나는 일반적으로 이 책에서 "근본주의자"나 "근본주의"라는 용어를 피하는데, 그것은 그 용어들이 유용하지 않아서가 아니라 너무도 자주 오용되기 때문이다. "근본주의"라는 용어는 개신교 교파들에서 자유주

더욱이 종교적 우파는 개인적으로 및 집합적으로 보수적인 복음주의자들로 구성되어 있으므로 그것은 서로 완전히 동의할 수도 있고 그렇지 않을 수도 있는 다수의 느슨하게 연합된 조직들뿐만 아니라 개인들도 포함할 것이다.

"신 기독교 우파"라는 용어는 한때 구 기독교 우파가 있었음을 암시하는데, 역사가로서 내가 아무리 노력해도 그때가 언제였는지 결코 알 수 없었기 때문에 그 용어는 언제나 나를 당황하게 만든다. 그것이 1940년대와 1950년대의 칼 매킨타이어(Carl McIntire)와 빌리 제임스(Billy

---

의를 향해 나아가는 것을 저지하기 위해 신학적으로 보수적인 개신교인들이 1910년에서 1915년 사이에 발행한 일련의 간행물에서 유래했다. 이 간행물들에 제시된 교리들(예컨대 예수의 처녀 탄생, 기적의 진정성, 성경의 무오성 등)에 동의하는 사람들이 근본주의자들이라고 알려지게 되었다. 이후에 그 단어는 다른 종교 전통들―힌두 근본주의자, 유대교 근본주의자, 모르몬 근본주의자, 무슬림 근본주의자 등―에 적용되어 왔지만, 그 용어는 미국의 종교사에 속하는 것이 적절하다. "근본주의"는 (미국의 맥락에서) 분리주의와 종파주의에 더하여 일종의 호전성도 나타내게 되었다. 근본주의는 세계관에서 매우 이원론적인 경향이 있다는 점에서 종교적 우파에 적용된다.

James) 같은 과격파 인물들의 무뚝뚝한 반(反)공산주의나 짐 크로(Jim Crow) 법 시대의 완고한 인종 분리주의를 가리키지 않는 한 말이다. 하지만 나는 그 단어를 반공산주의나 인종 분리주의 어디에 귀속시키더라도 신앙을 폄하한다고 생각한다. "기독교 우파"라는 용어는 역사적으로 문제가 덜하겠지만, 나는 도덕적·신학적 근거에서 그 단어에 반대한다. 내가 어렸을 때 내 모친은 누가 내게 내 종교에 관해 묻거든 "나는 종교가 없어요. 나는 **그리스도인**이에요"라고 대답해야 한다고 가르쳤다.[2]

내가 이후의 내용에서 주장하는 바와 같이, 나는 종교적 우파의 행동들과 정책들에서 내가 **그리스도인**이라고

2　종교적 우파의 역사적 배경에 관한 그의 요약에서 George Marsden은 남북전쟁 전 시기에 시작해서 20세기까지 이어진, 그가 "양심 연대"(Conscience Coalition)라고 부르는 것을 선례 중 하나로 인용한다. 그러나 이 운동의 정강 정책은 그가 지적하는 바와 같이 정치적 스펙트럼의 우편에 속하지 않을 것이다. George Marsden, "The Religious Right: A Historical Overview," in *No Longer Exiles: The Religious New Right in American Politics*, ed. Michael Cromartie (Washington, DC: Ethics and Public Policy Center, 1993), 1장을 보라.

인정하는 요소를 별로 발견하지 못한다.

1부

종교적 우파 이껴의 복음주의

BAD FAITH

1장   진보적 복음주의의 출현

지난 40년 이상 백인 복음주의자들과 공화당의 극우파들
사이의 제휴는 대다수 미국인이 복음주의는 언제나 정치
적 스펙트럼의 오른쪽에 놓여 있었다고 믿을 정도로 확고
하다. 하지만 그것은 사실이 아니다. 19세기를 통틀어, 그
리고 20세기의 상당한 기간에 복음주의자들은 넓은 스펙
트럼의 사회개혁 노력에 관여했는데, 그중 많은 활동이 사
회의 소외 계층을 위한 것이었다.

　　남북전쟁을 제외하면 제2차 대각성이 미국의 역사에
서 가장 중요한 사건이었다고 할 수 있을 것이다. 미국 독
립 전쟁에 뒤이어 18세기에서 19세기로 넘어가는 시기에

발생한, 제2차 대각성과 관련된 복음주의의 부흥은 신생 국가의 세 지역―뉴잉글랜드, 켄터키의 컴벌랜드 밸리, 뉴욕주 상부―을 진동시켰으며 미국의 종교를 완전히 재편했다.

뉴잉글랜드 단계는 비교적 조용했다. 뉴잉글랜드에서 각성의 진원지는 예일 대학이었다. 그 학교의 학장이자 존경받는 조나단 에드워즈(Jonathan Edwards)의 손주인 티모시 드와이트(Timothy Dwight)가 학생들을 계몽주의의 합리주의에서 떠나 정통 기독교로 향하게 하는 데 성공했다. 1802년에 이 학생들 중 한 명인 벤자민 실리만(Benjamin Silliman)이 예일 대학을 "작은 성전"으로 묘사했는데, 그곳에서는 "기도와 찬양이 대다수 학생의 기쁨으로 보였다." 「코너티컷 복음주의 매거진」(Connecticut Evangelical Magazine)은 1815년 예일 대학에서 발생한 또 다른 각성을 보도했으며, 뉴 헤이븐 소재 제일 회중 교회(First Congregational Church)의 목사 나다니엘 윌리엄 테일러(Nathaniel William Taylor)는 1821년 1월 학교와 마을 모두에서 발생한 좀 더 일반적인 부흥을 증언했다. 예일 대학 졸업생들이 뉴잉글 랜드 전역으로 흩어짐에 따라 뉴욕주, 메인주, 버몬트주, 로드아일랜드주 같은 장소에서 종종 부흥이 뒤따랐다.[1]

컴벌랜드 밸리는 훨씬 더 극적이었다. 이는 정착자 들이 1주일이나 10일 동안 모여 교제, 찬송, 기도, 설교를 한 캠프 모임의 시대였는데, 그런 모임들은 해 뜰 때 시작 해서 밤늦게까지 계속되었다. 비판자들은 회심하는 사람 보다 임신되는 사람이 많다고 주장했지만, 동시대 사람들

---

1   Silliman, George P. Fisher, *Life of Benjamin Silliman, M.D., LL.D.*, 2 vols. (New York: Charles Scribner, 1866), 1:83에 인용된 말; Samuel Merwin and Nathaniel William Taylor, "Revival in New-Haven," *Christian Spectator* 3 (January 1821): 49–52; "Revival of Religion in Yale College," *Connecticut Evangelical Magazine and Religious Intelligencer* 8 (May 1815): 192; "Revival in Yale College," *Mutual Rights and Methodist Protestant*, May 20, 1831, 157. "Yale College," *Religious Intelligencer*, April 7, 1821, 736도 보라. 뉴잉글랜드에서 일어 난 제2차 각성에 관해서는 *David W. Kling, A Field of Divine Wonders: The New Divinity and Village Revivals in Northwestern Connecticut, 1792-1822*(State College: Pennsylvania State University Press, 1993)를 보라. John R. Fitzmier, *New England's Moral Legislator: Timothy Dwight, 1752-1817*(Indianapolis and Bloomington: Indiana University Press, 1998)도 보라.

은 사람들이 "성령에 취했"는데 그것은 온갖 종류의 "움직임"—큰 소리로 말하거나, 통제할 수 없는 경련을 일으키거나, 땅바닥에 쓰러지는 현상—에서 명백히 나타났다고 말한다. 이 변경 지역의 정착자들은 집으로 돌아가 침례교 교구를 조직했으며, 말을 타고 순회하는 성직자들의 도움으로 감리교회들을 세웠다. 이로써 남부에 오늘날까지 지속되는 복음주의적이고 부흥 운동적인 윤리를 확립했다.[2]

이리 운하(Erie Canal)의 건설에 따른 인구 증가와 경제 호황에 자극되어 부흥 에너지의 일부가 1820년대 말에서 1830년대 초에 뉴욕주 서부로 이동했다. 뉴욕주 로체스터 사람들이 1827년 초에 "강력한 종교 부흥"을 보고했고, 그 지역은 부흥의 불길이 매우 강하게 나타나

---

2   대부흥에 관해서는 다음 문헌들을 보라. John B. Boles, *The Great Revival: Beginnings of the Bible Belt* (Lexington: University Press of Kentucky, 1996); Christine Leigh Heyrman, *Southern Cross: The Beginnings of the Bible Belt* (Chapel Hill: University of North Carolina Press, 1998).

"(성령의) 불에 탄 교구"로 알려지게 되었다. 찰스 그랜 디슨 피니(Charles Grandison Finney)가 1830년에 로체스 터에 오자 부흥이 가속화되었다. 「침례교 연감」(*Baptist Chronicle*)은 "미스터 피니가 사람들로 넘쳐나는 집들을 향 해 설교하고 있다"라고 보도했다. "부와 재능과 영향력 이 있는 사람들"을 포함하여 "날마다 회심이 일어나고 있 다." 아프리카계 미국인들 역시 부흥 설교에 반응했다. 「아프리칸 레포지토리 & 콜로니얼 저널」(*African Repository & Colonial Journal*)에 따르면 "존경받는 아프리카인 설교 자" 두 명이 마을에 왔으며, 그들의 노력은 "이곳에서 아 프리카인들 사이에 결코 알려지지 않았던" 종류의 복음 주의적 각성을 낳았다.[3]

---

3 "Revival in Rochester, N.Y.," *Christian Advocate & Journal*, April 28, 1827, 134; "Revival at Rochester," *Baptist Chronicle*, December 1, 1830, 190; "Religious Revivals," *Rhode Island Journal*, May 27, 1831, 42; "Revival at Rochester, N.Y." *Morning Star*, June 13, 1833, 27; "Revivals among the Africans in Rochester," *African Repository & Colonial Journal*, April 1, 1831, 61.

그러나 피니와 19세기의 다른 복음주의적 부흥 운동 가들은 복음주의가 단순한 회심 이상을 수반한다고 믿었다. 거듭난 개인은 예수의 가르침에 순종하여 사회와 특히 가장 취약한 사람들의 상황을 개선할 책임이 있다. 사실 피니는 신앙을 갖게 된 결과로 타인들을 향한 선행이 필요하다고 이해했다. 그는 "하나님의 규칙은 보편적인 선행을 요구한다"라고 썼다. 그는 "나는 그 안에 인간성이 없는 신앙을 혐오한다"라고 덧붙였다. "하나님은 경건과 인간성 모두를 사랑하신다."[4]

피니와 19세기 초의 다른 복음주의자들이 격려한 사회개혁 프로그램은 종교적 우파의 의제와 현저하게 대비된다. 남북전쟁 전의 복음주의자들에게 있어 선행은 교육, 교도소 개혁, 가난한 사람들과 여성들의 권리 옹호 등 많은 형태를 띠었다. 많은 복음주의자가 그들의 원수를 사랑

---

4   Charles G. Finney, *Sermons on Gospel Themes* (Oberlin, OH: E. J. Goodrich, 1876), 348, 356.

하고 다른 뺨을 돌려대라는 예수의 명령에 순종하기 위해 폭력과 전쟁에 반대하는 노력에 참여했다. 나는 심지어 총기를 통제하려는 복음주의 캠페인에 대한 언급도 발견했다. 금주에 대한 복음주의의 집착은 뒤돌아보면 주제넘고 가족주의적인 것처럼 보이지만, 금주 운동은 지나친 음주를 통해 야기된 배우자와 자녀 학대 등 매우 실제적인 파괴와 고통에 대한 대응이었다.

제임스 헨리 손웰(James Henley Thornwell)과 로버트 루이스 대브니(Robert Lewis Dabney) 등 많은 남부인이 노예제를 옹호한 것은 사실이지만, 북부의 많은 복음주의자는 노예제도의 해악을 끝내려고 했다. 몇몇 복음주의자는 원주민 보호주의 정서에 붙잡혔지만, 훨씬 많은 사람은 이민자들과 좀 더 불운한 사람들이 위로 올라가는 사다리를 밟을 수 있도록, 당시에는 보통 학교(common school)로 알려진 공교육 같은 조치들을 지지했다. 한 저자는 「크리스천 스펙테이터」(*Christian Spectator*)에서 "보통 학교들은 우리 땅의 영광이다. 그곳에서는 거지의 자녀도 스스로 읽고 쓰

고 생각하도록 배운다"라고 주장했다.[5]

　그때로부터 몇 세기가 지난 후인 현재 우리는 21세기의 감성들을 이런 복음주의 개혁가들에게 덧입히고 그 과정에서 그들의 태도와 접근법의 일부를 가족주의적이고, 오만방자하며, 심지어 식민주의적이라고 결론지을 유혹을 받기 쉽다. 19세기 복음주의자들이 언제나 옳았던 것은 아니다. 그러나 제2차 대각성이 예수가 "이들 중 가장 작은 자"라고 부르셨던 사람들을 위해 복음주의자들을 이례적으로 동원하는 데 힘을 불어넣었다는 것도 사실이다. 그들은 이 땅에 하나님 나라가 임하게 하려는 욕구에 고무되어 고통을 완화하고 평등을 실현하기 위해 노력했다. 물론 때로는 조잡하고 불완전했지만, 그 노력은 확고했다. 그들의 신앙은 추상적인 신앙이 아니었다. 남북전쟁 전의 복음주의자들은 피니의 말로 표현하자면 "하

5　"Thoughts on the Importance and Improvement of Common Schools," *Christian Spectator*, n.s., 1 (February 1827): 85.

나님은 경건과 인간성 모두를 사랑하신다"라는 점을 이해했다.

제2차 대각성에 이은 19세기 초의 몇십 년 동안 복음주의
자들은 보통 학교, 평화 십자군, 노예제도 폐지, 금주, 교도
소 개혁, 여성의 권리 같은 사회개혁에 매진했다. 그들의
노력에 생기를 불어넣은 요소는 그들이 경건의 규범에 따
라 사회를 개혁하고 그럼으로써 하나님 나라를 땅 위에—
좀 더 특별하게는 이곳 미국에—가져올 수 있다는 확신이
었다.

　신학자들은 이를 **후천년설**이라고 부른다. 이 교리는
요한계시록 책에 예언된 평화와 의의 천 년이 지난 **후** 예
수가 이 땅에 재림하실 것이라고 본다. 그 교리의 추론으

로서 신자들은 사회를 개혁하고 예수의 "재림"을 위한 길을 닦아야 한다.

그런 사회개혁 노력들은 주목할 만한 결실을 맺었다. 복음주의자들은 19세기 초 몇십 년에 미국의 양심을 형성하는 데 성공했으며, 그들의 집요함에 분노한 남부는 결국 연방에서 탈퇴했다. 그러나 남북전쟁 자체가 후천년설을 재고하도록 촉구하는 계기가 되었다. 끔찍한 사상자 수(역사가들은 현재 약 75만 명에 가까울 것으로 추정한다)는 말할 것도 없고, 게티즈버그와 앤티텀과 머내서스의 전쟁터들은 복음주의자들로 하여금 사회의 완벽성에 관한 후천년설의 낙관주의를 재조사하도록 자극했다.

남북전쟁 뒤의 수십 년 동안은 별로 고무적이지 않았다. 산업화와 도시화가 미국 사회를 재형성하기 시작했다. 개신교인이 아닌 사람들의 대다수는 금주에 관한 복음주의자들의 양심의 가책을 공유하지 않았는데, 그들의 도래는 기회라기보다는 위협으로 보였다. 북적이고 지저분한 주택과 노사 분규로 인한 소란은 복음주의자들이 19세기 초에 그토록 자신 있게 예언했던 시온의 경내를 닮지 않았다. 복음주의 사회 개혁가들은 19세기 말에 시작하여 20세기가 한창 진행될 때까지 계속된 묵시주의(apocalypticism)라는 과속방지턱을 만났다. 복음주의자들 중 점점 더 많은 사람이 영국 형제단(이후에 플리머스 형제단으로 알려졌다)의 구성원인 넬슨 다비(Nelson Darby)의 아이디어를 전용하기 시작했다. 다비는 그의 저술과 미국 방문을 통해 미국의 복음주의자들에게 그들이 성경을 잘못 해석하고 있다고 알려줬다. 예수는 천 년 **후**가 아니라 천 년 **전**에 이 땅으로 돌아오실 것이다. 이는 그리스도인들이 어느 순간에라도 재림을 기대할 수 있는데, 재림 때 그들은 하늘로 "들려 올라가고" "남겨진" 자들은 신적 심판을 맞이할 것이다.[1]

1　세대주의에 관해서는 많은 자료가 있다. 예컨대 다음 문헌들을 보라. Ernest R. Sandeen, *The Roots of Fundamentalism: British and American Millenarianism, 1800-1930* (Chicago: University of Chicago Press, 1970); Donald H. Akenson, *Exporting the Rapture: John Nelson Darby and the Victorian Conquest of North-American Evangelicalism* (New

다비의 해석 체계는 인간의 모든 역사를 세대들(ages 또는 dispensations)로 나눴기 때문에 **세대주의**(dispensationalism) 또는 **세대주의적 전천년설**이라고 불렸다. 다비의 전천년설(예수가 천년왕국 **전에** 돌아오실 것이다)의 결과로 복음주의자들이 사회적 병폐들을 해결할 책임에서 벗어났다. 예수가 언제라도 재림하신다면 왜 이 임시적인 세상을 좀 더 나은 곳으로 만들기 위해 신경을 쓰겠는가?

전천년설이 복음주의자들로 하여금 포기하고 손을 들게 했기 때문에 나는 그것을 절망의 신학이라고 부른다. 개신교 자유주의자들 사이에서는 하나님이 죄악된 개인들뿐만 아니라 죄악된 사회 제도들도 구속하실 수 있다는 확신에 근거하여 사회 복음주의(Social Gospel)가 확립되었으며, 복음주의자들은 그들의 초점을 개인의 중생으로 옮

York: Oxford University Press, 2018). Akenson은 자기의 책이 Darby의 전기가 아니라고 주장한다. 그 책은 또한 미국보다 영국에 훨씬 더 초점을 맞춘다.

졌다.

그리스도의 재림이 임박했다는 믿음은 미국의 복음주의를 사소한 요소부터 심원한 요소까지 여러모로 변화시켰다. 사소한 측면에서 보자면 매우 조잡한 몇몇 건축물에 전천년설이 책임이 있다. 예수가 언제라도 돌아오실 수 있다면 왜 디자인이나 장식에 신경을 쓰겠는가? 콘크리트 블록이면 충분할 것이다. 그래서 형태보다 기능이 중시되었다.

다른 쪽 극단에서는 세대주의가 복음주의자들의 관심을 사회의 집합적 병폐들로부터 개인들의 구원으로 돌렸다. 전천년설은 죄인들에게 회심하라고 촉구하기 위한 강력한 장치가 되었다. 설교자들은 종종 회중에게 갑자기 그들이 죽거나 예수가 돌아오신다면(예수는 언제든 재림하실 수 있기 때문에) "구원받지" 않은 사람들은 심판에 직면하고 지옥에 갈 것이라고 경고함으로써 그들에게 믿음의 고백─빌리 그레이엄이 "그리스도를 위해 결단하기"라고 부르는 것─을 하라고 부추겼다. 1970년대에 미국의 복음주의자들에 대한 전천년설의 장악력이 줄어들기 시작했지만, 1972년에 제작된 영화 "밤의 도둑"(*A Thief in the Night*)은 복음주의자들 사이에서 전천년설적 사고의 힘과 지속성을 보여준다. 도널드 W. 톰슨(Donald Thompson)이 제작 및 감독한 그 영화는 한 아내가 꿈에서 깨어나 자기 남편의 전기면도기가 욕실 세면대에서 윙윙대며 돌아가고 있는 것을 발견하는 것으로 시작한다. 그는 사라져 버렸다. 래리 노먼(Larry Norman)의 오프닝 음악—"우리 모든 사람이 준비되었으면 좋겠네"(I Wish We'd All Been Ready)—이 끝난 뒤 그 영화는 예수의 임박한 재림에 관한 설교를 계속하며, 구원받지 않은 사람은 파멸할 것이라고 경고한다.[2]

그 후 예수가 재림하시고 신실한 자들은 (지구에서) 떠

---

2 Donald Thompson에 대한 간략한 인물 설명과 "밤의 도둑"의 인기에 관해서는 Randall Balmer, *Mine Eyes Have Seen the Glory: A Journey into the Evangelical Subculture in America*, 5th ed. (New York: Oxford University Press, 2014), 3장을 보라.

나고 남겨진 자들(left behind, 팀 라헤이[Tim LaHaye]의 같은 제목의 책과 영화 시리즈는 "밤의 도둑"을 통해 영감을 받았다)은 끔찍한 박해에 직면한다. "짐승의 표"를 받아들이지 않는 사람은 아무도 생존에 필요한 필수품을 살 수 없고 사악한 당국에 추적당한다. 남편이 휴거로 사라진 그 여성은 자동차와 헬리콥터로 경찰에게 추적당한다. 그녀가 댐에서 뛰어내리려고 할 때 그녀는 꿈에서 깨고 영화가 시작될 때의 장면이 반복된다. 그녀는 욕실에서 면도기를 발견하고, 사라진 남편을 찾아 헤매며, 피를 말리는 비명을 지른다. 예수가 재림하셔서 신실한 자들을 모으시는데 그녀는 준비되지 않았다.

저예산과 연기에서의 몇몇 불운에도 불구하고 "밤의 도둑"은 복음주의 청중들 사이에 큰 인기가 있었다. 그리고 이 대목에서 나는 제작자 겸 감독인 도널드 톰슨이 내 주일학교 교사였음을 밝힌다. "밤의 도둑"은 아이오와주 디모인에 소재한 웨스트체스터 복음주의 자유 교회에서 내 부친이 주일 저녁에 요한계시록 설교를 한 것을 통해 영감을 받았다. 내 부친은 그 영화에서 예수가 언제라도 재림하실 것이라고 경고한 설교자인 "좋은" 설교자의 역할을 했다.

세대주의적 전천년설 교리—예수가 곧 재림하실 것이다—는 사실상 미국의 복음주의자들에게서 사회개혁의 책임을 면제해 주었으며 그들의 에너지를 개인의 중생으로 돌렸다. 극소수의 예외를 제외하고 복음주의자들은 19세기 말 몇십 년부터 20세기가 한창 진행될 때까지 정치적 싸움에서 비켜나 있었다.

3장　　　　　　　　　　　　**복음주의 하위문화 만들기**

1925년 7월에 테네시주 동부는 뜨거웠는데, 데이튼의 레
아 카운티 법원 청사 2층보다 뜨거운 곳은 없었다. 존 토
머스 스콥스(John Thomas Scopes)가 테네시주의 버틀러 법
(Butler Act)을 위반한 혐의로 재판에 회부되었다. 풋볼 코
치이자 시간제 과학 교사였던 스콥스는 그 법의 합헌성을
시험하기 위해 그 지역 시민 운동가들에게 고용되었는데,
그는 자기가 실제로 진화를 가르쳤는지를 기억할 수 없었
지만 재판을 받기로 동의했다.[1]

1　그 재판을 가장 잘 설명한 문헌은 Edward J. Larson, *Summer for the*

그 재판에서 미국의 가장 유명한 변호사 두 명이 맞붙었다. 클래런스 대로(Clarence Darrow)가 스콥스의 변호팀을 이끌었으며, 민주당 대통령 후보로 세 번 지명되었고 우드로 윌슨(Woodrow Wilson) 행정부의 국무장관을 역임한 윌리엄 제닝스 브라이언(William Jennings Bryan)이 검찰을 지원했다. (시민 운동가들이 바랐던 바대로) 그 재판을 취재하기 위해 데이튼에 기자들이 몰려들었고, 시카고의 WGN 라디오 방송국이 재판절차를 생중계했다.

서커스 분위기가 그 재판을 휘감았고, 법원 잔디밭에 현수막들과 포스터들 및 원숭이들이 등장했다. 그 재판은 과학과 신앙 사이의 경쟁, 성경 특히 창세기의 창조기사의 진정성에 관한 주민투표로 여겨졌다. 「볼티모어선」(Baltimore Sun)의 성미 급하고 신랄한 H. L. 멘켄(H. L. Mencken)이 기자단을 이끌었는데, 멘켄은 브라이언이나

Gods: The Scopes Trial and America's Continuing Debate over Science and Religion(New York: Basic Books, 2006)이다.

그의 대의에 우호적이지 않았다. 재판이 스콥스가 유죄라는, 미리 정해진 결론을 향해 진행되자 멘켄은 다음과 같이 썼다. "그것은 이 땅의 오지 시골 지역들에서 네안데르탈인들이 지각이 없고 양심이 결여된 광신자에게 인도되어 조직되고 있음을 이 나라에 알리는 데 기여한다." 그는 "테네시주는 이제 그 주의 법원들이 (교회의) 야외 수련회로 바뀌었고, 그 주의 인권 규정들이 법에 따라 선서한 관리들에 의해 조롱받는 것을 보고 있다"라고 덧붙였다.[2]

미국 복음주의자들의 입장에서 보자면, 그들은 오랫동안 포위 공격을 당하고 있는 것처럼 느꼈다. 1859년에 발간된 찰스 다윈(Charles Darwin)의 『종의 기원』(*Origin of Species*)은 창세기의 문자적 해석에 의문을 제기했다. 독일에서 나온 고등비평은 성경의 몇몇 책의 저작권을 문제

---

2 Mencken, Michael Shermer, *Why Darwin Matters: The Case against Intelligent Design* (New York: Holt, 2006), 26에 인용된 말; Mencken, Lou Marinoff, *The Middle Way: Finding Happiness in a World of Extremes* (New York: Sterling, 2007), 215에 인용된 말.

삼았다. 예를 들어 고등비평은 오경(히브리 성경의 첫 다섯 권)의 저자로 추정되는 모세가 어떻게 신명기의 끝에서 자기의 죽음을 기록할 수 있는지 물었다.

게다가 1920년대는 재즈와, 불법 술집과, 단발머리를 하고 짧은 치마를 입은 말괄량이 여성들의 시대였다. 미국의 많은 복음주의자에게 그것은 미국 사회의 문화가 자기들과 자기들의 가치에 반대하는 쪽으로 바뀐 것처럼 보였다. 스콥스 "원숭이" 재판으로 알려지게 된 그 재판은 복음주의자들이 일반 사회에 대해 느끼는 불편함의 절정을 대표했다.

스콥스는 버틀러 법 위반으로 인정되어 100달러의 벌금에 처해졌다(브라이언이 그 벌금을 납부하겠다고 제안했는데, 그 평결은 이후에 기술적인 문제로 뒤집혔다). 그러나 미국 복음주의자들은 여론이라는 좀 더 큰 법원에서 결정적으로 패했다. 그들은 멘켄 등에게 오지의 시골뜨기라고 조롱당했다.

상징적인 면에서 스콥스 재판은 전환점이었다. 1920

년대와 1930년대에 미국 복음주의자들은 일반 사회의 문화를 한층 더 거부했다. 이미 예수가 어느 때에라도 재림하셔서 의롭지 않은 자들에게 심판을 내리실 것이라는 교리인 전천년설을 수용한 복음주의자들은 회중, 교파, 성경 캠프, 성경 연구소, 대학, 신학교, 선교 단체, 출판사들이 맞물린 네트워크인 복음주의 하위문화를 건설하기 시작했다. 그들은 일반 사회의 문화는 그것 자체가 부패했으며 타인을 부패시키지만, 복음주의 하위문화는 안전한 공간으로서 점점 세속화되는 사회의 위험으로부터 도피처를 제공한다고 주장했다.

20세기 중엽에 복음주의자들은 특히 그들의 자녀들을 좀 더 넓은 세상의 약탈로부터 보호하려고 했다. 그 하위문화는 그 목적에 봉사했다. 그것은 편협하고 폐쇄적이었으며, (내가 개인적으로 증언할 수 있듯이) 복음주의의 하위문화 안에서 외부 세계의 누구와도 별로 교류하지 않고 성장할 수 있었다. 부모들은 자녀들을 주일학교와 성경 캠프에 보낼 수 있었고 그 후에는 자녀들이 외부 세계에 의

해 타락하지 않을 것을 합리적으로 확신하면서 무디 성경 대학이나 멀트노마 성경 학교 또는 웨스트몬트 대학에 보낼 수 있었다.

이처럼 복음주의 하위문화 안으로 물러난 것이 정치적으로 어떤 결과를 가져왔는가? 단기적으로는, 20세기 중엽에 복음주의자들은 대체로 정치에 무관심했다. 그들은 대체로 정치 활동에 참여하지 않았으며, 특히 조직적인 방식으로는 확실히 참여하지 않았다. 전투적인 밥 슐러(Fighting Bob Shuler), 빌리 제임스 하기스(Billy James Hargis), 칼 매킨타이어(Carl McIntire) 등 목소리를 낸 소수의 복음주의자가 있었지만, 그들은 주변 인물들이었다. 이 시기의 많은 복음주의자는 그들의 전천년설 신앙과 미국 사회의 부패에 관한 확신에 근거해서 유권자 명부에 등록하기를 거부했다. 그들은 정치는 사탄의 영역이며, 더욱이 이 덧없는 세상은 심판을 향해 기울어지고 있다고 생각했다. 그런데 왜 신경을 쓰겠는가?

그러나 복음주의 하위문화의 구축은 또 다른 장기적

인 효과를 낳았다. 복음주의자들이 1920년대와 1930년대에 쏟았던 시간과 에너지와 돈이 종종 아무것도 없던 데서 시작하여 수십 년 뒤에 결실을 거두기 시작했다. 이런 기관들, 특히 학교와 복음주의 단체와 언론 기관은 복음주의자들이 1970년대에 공적 영역에 재진입할 토대를 제공했다.[3]

---

3   이 시기의 복음주의 기관 설립에 관해서는 Joel A. Carpenter, *Revive Us Again: The Reawakening of American Fundamentalism*(New York: Oxford University Press, 1999)을 보라.

4장   **시카고 선언과 지미 카터 대통령**

1970년대는 찰스 그랜디슨 피니와 기타 19세기 복음주의
자들에 의해 예시된 전통인 진보적 복음주의에게는 시작
과 끝 모두 좋지 않았다. 하지만 그 시기의 시작과 끝 사이
의 중간에 복음주의자들이 사회 문제에 큰 관심을 기울이
고 진보적 복음주의자가 미국의 대통령으로 선출되는 등
그 운동이 절정에 도달했을 수도 있다.

　리처드 닉슨(Richard Nixon)은 베트남 전쟁을 끝내기
위한 "비밀 계획"을 약속함으로써 1968년에 대통령으로
당선되었지만, 1970년 봄에 캄보디아에 대한 전쟁으로 확
대되어 전국에서 반전 시위가 발생했으며, 1970년 5월 4

일 오하이오주 방위군이 학생 네 명에게 총격을 가했다. 하지만 닉슨은 1972년 대통령 선거에 앞서 "침묵하는 다수"를 규합했으며, 결정적인 이점을 안고 유세에 돌입했다. 민주당 후보는 사우스다코타주 상원 의원인 조지 맥거븐(George McGovern)이었다. 그는 감리교 사역자의 목사관에서 성장했으며 자신이 사역자가 되기 위해 개럿 복음주의 신학교에서 공부했고 노스웨스턴 대학교에서 박사 학위를 취득했다. 훈장을 받은 제2차 세계대전 전쟁영웅인 맥거븐은 1972년 10월 11일 오전 휘튼 칼리지의 에드먼 채플에서 유세했다.

나는 트리니티 칼리지 1학년생이었는데, 동급생 몇 명에게 매일 드리는 채플 예배를 빼먹고 휘튼 칼리지에 가보자고 꼬드겼다. 나는 그 장면을 결코 잊지 못할 것이다. 학생들이 닉슨의 유세 깃발을 들고 채플 주위를 행진했다. 맥거븐은 자기가 휘튼 칼리지에 들어가고 싶었지만 자기 부모가 학비를 댈 여유가 없었다는 말로 유세를 시작했다. 그는 이어서 정의와 사회적 책임에 대한 자기의 이해가 성경에서 비롯되었다고 설명했다. 그의 말이 끝날 때쯤에는 많은 학생이 존경하는 마음으로 그의 말을 들었다.

그러나 빌리 그레이엄이 이미 닉슨을 지지했으며, 백인 복음주의자들은 그 복음 전도자의 인도를 따랐다. 하지만 맥거븐의 쓸쓸한 선거운동 과정에서 소수의 복음주의자가 맥거븐에 찬성하는 복음주의자들(Evangelicals for McGovern)이라는 조직을 결성했다(회원 중 한 명인 리처드 마우[Richard Mouw]는 전당대회를 전화부스에서 개최할 수 있을 정도로 숫자가 적다고 농담했다). 그러나 그 조직은 1년 뒤 워배쉬 스트리트의 시카고 YMCA에서 모이는 토대가 되었다. 로널드 J. 사이더(Ronald J. Sider)의 주도로 모인 복음주의자 55명이 "시카고 복음주의 사회적 관심 선언"(Chicago Declaration of Evangelical Social Concern)이라고 알려지게 된 내용을 조율했다. 시카고 선언은 예수가 "이들 중 가장 작은 자"라고 부르셨던 사람들에 대한 복음주의의 역사적 헌신을 재확인했다는 점에서 주목할 만한 문서다. 그 선언은 미국인의 삶에서 군국주의와 인종 차별과 경제적 불평등이 계속되고 있음을 비난했다. 그 선언은 미국처럼 부유한 사회에서 기아가 존재하는 수치를 지적했으며, 물질주의를 정죄하고, 정의를 촉구했다. 또한 시카고 선언은 트리니티 칼리지 영어 교수인 낸시 하데스티(Nancy Hardesty)의 요청으로 복음주의가 역사적으로 여성의 평등에 헌신했음을 재확인했다.[1]

그 선언이 발표되고 6개월이 지나지 않아 지미 카터(Jimmy Carter) 조지아주 주지사가 한 무리의 조지아 대학교 로스쿨 졸업반 학생들에게 연설했다. 그는 인종 간의 정의, 교도소 개혁, 뉴욕에 있는 규제 기관들의 부패 등 시카고 선언에서 다룬 것과 동일한 많은 주제를 언급했다. 카터의 연설은 매우 설득력이 있어서 그 자리에 참석했던

---

1   소위 복음주의 좌파(evangelical Left)에 관해서는 David R. Swartz, *Moral Minority: The Evangelical Left in an Age of Conservatism*(Philadelphia: University of Pennsylvania Press, 2012)을 보라.

기자 중 한 명인 「롤링 스톤」(*Rolling Stone*)의 헌터 S. 톰슨 (Hunter S. Thompson)은 그의 자동차로 가서 녹음기를 가져 와 뭔가 이례적인 말을 녹음했다. 그는 훗날 자기가 기꺼 이 진실을 말한 정치인을 보았다고 말했다.

1974년 12월 카터는 민주당 대통령 후보 출마를 선 언했다. 남침례회 주일학교 교사인 카터는 자신의 신앙에 관해 부끄러워하지 않았으며, 자신을 "거듭난" 그리스도 인이라고 거듭 밝혔고 그럼으로써 뉴욕의 모든 기자는 그 가 도대체 무슨 말을 하고 있는지 이해하기 위해 자기의 명함 파일을 뒤져서 문의를 해야만 했다.

40년도 더 지난 현시점에서 볼 때, 우리가 1970년대 중엽에 카터가 대통령이 될 가능성이 별로 없었음을 잊기 쉽다. 지미 카터가 민주당 후보 지명전에 참여하겠다고 선 언하기 직전인 1974년 11월에 갤럽이 잠재적인 미국 대 통령 후보 서른두 명에 대한 지지도를 조사했는데, 카터의 이름은 그 명단에 포함되지 않았다. 조지아 주지사인 지 미 카터는 결연하게 뉴햄프셔주의 작은 마을들과 아이오와주의 선거구들에서 유세했다. "지미 아무개"는 누구보다 열심히 노력했다. 그는 어떤 친척에게 "내가 오전 10시 30분까지 자면 완패하겠지만, 6시 30분에 일어나면 미국의 대통령이 될 수 있습니다"라고 말했다. 그의 경쟁자들도 그것을 알아차렸다. 민주당 후보 지명전에서 카터의 경쟁자 중 한 명이었던 모리스 유돌(Morris Udall)은 "내가 최근에 유세하러 간 곳마다 지미 카터가 1주일 정도 전에 그곳을 다녀간 것 같다"라고 불평했다. "그 작자는 햇빛처럼 어디에나 있다."[2]

1976년 1월 19일 카터는 아이오와 선거구 당원 대회에서 1위를 차지했으며, 2월 24일 뉴햄프셔주 예비선거(primary)에서 승리했다. 머잖아 그의 선거운동은 불가항력처럼 되었다. 플로리다주에서 카터가 남부의 동료 주지사를 물리친 것이 가장 중요한 승리였지만, 이 승리는 정

---

2 Udall, Marshall Frady, *Southerners: A Journalistic Odyssey* (New York: New American Library, 1980), 354, 344에 인용된 말.

당하게 평가되지 않았다. 카터가 3월 9일 거둔 승리로 미국의 가장 악명 높은 인종 분리주의자인 앨라배마주의 조지 C. 월리스(George C. Wallace)의 정치 경력은 사실상 끝났다.

7월에 민주당 후보로 지명된 카터는 본선에 돌입하여 제럴드 R. 포드(Gerald R. Ford)에 압도적인 승리를 거뒀다. 하지만 세심하게 계산된 카터의 선거운동은 그 후보의 판단 착오로 거의 실패할 뻔했다. 선거를 불과 몇 주 앞둔 10월 14일 「플레이보이」(*Playboy*)가 잡지 판매소에서 날개 돋친 듯이 팔렸다. 언론 매체는 카터가 인터뷰에서 그가 잘난 체하는 독선에 빠져 있다는 주장을 일축하려는 의도로 자기 아내가 아닌 여성들에게 욕정을 느낀다고 한 발언을 집중 조명했다. 복음주의자들에게 있어 그 말은 별로 특별할 것이 없는 표현이었다(산상수훈에서 예수가 하신 말씀을 기억하라). 어떤 남침례회 동료는 카터가 그 인터뷰에서 한 또 다른 말을 인용하여 "'성교'는 침례교 신자가 사용하기에 좋은 말이 아니다"라고 인정했지만 말이다. 언론 매체는 신이 났다. 한 시사만화는 민주당 후보가 옷을 벗고 있는 자유의 여신상을 응시하는 모습을 그렸으며, 여론 조사에서 카터의 지지율이 15퍼센트 포인트 하락했다.[3]

닉슨의 지명 후계자이자 카터의 경쟁자인 공화당의 포드는 복음주의자로서의 신망이 두터웠다. 그는 자신의 성공회 교구에서 위원으로 섬겼고, 그의 아들 마이클은 고든 콘웰 신학교 학생이었다. 하지만 미국 복음주의자들에게는 카터의 "거듭났다"라는 선언이 설득력이 있었다. 그들이 정치적으로 조직화되지 않았을 때 많은 복음주의자가 카터에게 투표했다. 어떤 사람들은 미국인들에게 결코 알면서 거짓말하지 않겠다는 그의 약속에 응답했는데, 이는 닉슨의 기만이 끝없이 계속되는 가운데서 나온 급진적인 아이디어였다. 다른 사람들은 자기와 같은 복음주의자 중 한 명에게 투표한다는 신기함에서 카터를 지지했다.

---

3   Daniel K. Williams, *God's Own Party: The Making of the Christian Right* (New York: Oxford University Press, 2012), 126에서 인용함.

대통령이 되자 카터는 신속하게 자신의 의제에 착수했다. 그는 베트남 전쟁 시기의 병역 기피자를 사면했으며, 미국이 라틴 아메리카 국가들과 의미 있는 관계를 맺으려면 식민주의를 포기해야 한다는 것을 인식하고서 린든 존슨(Lyndon Johnson)에 의해 시작된 절차인 파나마 운하 조약 비준을 추진했다. 그는 중동 평화를 우선순위로 삼았는데. 이는 역사적인 캠프 데이비드 협정으로 절정에 이르렀다. 그는 미국의 외교 정책을 냉전의 이분법에서 벗어나 인권을 강조하는 방향으로 재설정하려고 하였으며, 자연 보존과 에너지 독립을 지향할 필요를 인식했다. 카터의 황야 지역 보호로 인해 많은 환경 보호주의자가 그를 가장 위대한 환경 대통령으로 여긴다. 그는 다른 어떤 전임 대통령보다 많은 여성과 소수민족을 정부 요직에 임명했다.

하지만 카터의 야심 찬 정책은 지속적인 경제 침체에 발목을 잡혔다. 이자율이 매우 높았고, 1979년 11월 미국인이 이란에서 인질로 붙들린 것이 그의 대통령직에 암운을 드리웠다.

카터는 그의 재선 유세가 한창 진행 중일 때까지 한 무리의 복음주의자들이 상당히 오랫동안 그에게 반대하여 음모를 꾸미고 있었다는 사실을 알지 못했다.

2부

낙제 신화와 종교적 우파의 부상

5장   낙태 신화

종교적 우파가 가장 소중하게 간직하고 있고 가장 영속력이 있는 신화는 그들의 기원 신화다. 제리 폴웰(Jerry Falwell)과 패트 로버트슨(Pat Robertson) 및 수없이 많은 다른 사람에 의해 자주 표명되는 이 내러티브에 따르면, 복음주의 지도자들은 1973년 1월 22일 미국 연방 대법원의 **로 대 웨이드**(*Roe v. Wade*) 사건 판결에 의해 그들의 정치적 무사안일에 대해 충격을 받았다. 폴웰은 14년이 지난 뒤에도 1973년 1월 23일자 「린치버그 뉴스」(*Lynchburg News*)를 읽고 공포를 느꼈다고 이야기했다. 폴웰은 다음과 같이 썼다. "연방 대법원은 방금 전에 7:2로 태어나지 않은 수

백만 명의 아이들을 죽이는 것을 합법화하는 결정을 내렸
다. 나는 거기에 앉아 **로 대 웨이드** 소송 이야기를 바라보
며 연방 대법원의 판결이 가져올 결과에 점점 더 두려움
을 느꼈으며, 왜 그 판결에 반대하는 목소리가 별로 제기
되지 않는지 궁금해했다." 이 기원 신화가 폴웰과 다른 복
음주의 지도자들로 하여금 연체동물 같은 탈정치적 무감
각에서 벗어나 낙태 합법화에 대한 도덕적 분노의 싸움에
나서게 했다. 혹자는 자신을 노예제도라는 해악을 근절하
려고 했던 남북전쟁 전의 복음주의 선배들과 연결시키려
고 "신 폐지론자"라는 이름을 사용하기까지 했다.[1]

그러나 자세히 조사해 보면 낙태가 종교적 우파 부상
의 기폭제였다는 주장이 무너진다. 복음주의자들은 1970
년대 말까지 낙태를 "가톨릭의 문제"라고 여겼다. 1968년
에 대표적인 복음주의 잡지 「크리스채너티 투데이」가 또

---

[1]   Jerry Falwell, *Strength for the Journey* (New York: Simon & Schuster, 1987), 334-35.

다른 복음주의 단체인 기독교 의료 협회(Christian Medical Society)와 함께 낙태의 윤리를 논의하기 위해 컨퍼런스를 개최했다. 며칠 간의 토의 후 복음주의 신학자 26명은 자기들이 어느 한 가지 입장에 동의할 수 없다는 것과 그 이슈의 모호성이 다른 많은 접근법을 허용한다는 것을 인정하는 성명을 발표했다. 그 성명은 "우리는 유도된 낙태 실행이 죄악된 것인지에 관해서는 동의하지 않지만, 특정한 상황에서 낙태의 필요성과 허용 가능성에 관해서는 동의한다"라고 진술한다. 그 진술은 "개인의 건강, 가족의 복지, 사회적 책임"을 낙태를 허용할 수 있는 사유로 들고, "가족의 생명을 완전하게 유지하고 확보하기 위해" 태아의 생명이 "포기되어야 할 수도 있는" 경우를 인정한다.[2]

1960년대 말과 1970년대의 대부분에 복음주의자들은 대체로 낙태를 중요한 문제로 보기를 거부했으며, 그들

---

2   Walter O. Spitzer and Carlyle L. Saylor, eds., *Birth Control and the Christian: A Protestant Symposium on the Control of Human Reproduction* (Wheaton, IL: Tyndale House, 1969), 414, xxv-xxviii.

을 정치적 행동주의의 전선으로 불러낼 사안으로는 더더욱 생각하지 않았다. 낙태는 복음주의자들 사이에서 관심을 끌지 못했으며, 복음주의와 역사적으로 연결된 몇몇 집단은 낙태 합법화를 요구했다. 예를 들어 1970년에 미국 감리교회 총회(United Methodist Church General Conference)는 주 의회들에 낙태를 제한하는 법을 폐지할 것을 요구했으며, 1972년에 지미 카터가 조지아 주지사였을 때 연설한 모임에서 감리교 신자들은 "태어나지 않은 인간 생명의 존엄성"을 인정했지만, "우리는 임부들의 생명과 복지의 존엄성도 똑같이 존중해야 하는데, 그들에게는 받아들일 수 없는 임신으로 말미암아 파괴적인 결과가 초래될 수도 있다"라고도 선언했다.[3]

1971년 여름 미주리주 세인트루이스에서 열린 회의에서 남침례회 대의원들은 "우리는 남침례회 신자들에게

---

3 Mark Tooley, *Methodism and Politics in the Twentieth Century* (Anderson, IN: Bristol House, 2012), 222, 224-25.

강간, 근친상간, 임부(妊婦)의 감정적·정신적·신체적 건강에 대한 피해 가능성에 관해 주의 깊게 확인된 증거가 있는 경우 같은 상황에서 낙태의 가능성을 허용하는 법률 제정을 위해 노력할 것을 요구한다"라고 진술하는 결의안을 통과시켰다. 자유주의의 보루가 아닌 남침례회는 그 입장을 로 판결(*Roe* decision)이 내려진 다음 해인 1974년에 재확인했으며, 1976년에 거듭 확인했다.[4]

1973년 1월 22일 로 판결이 내려졌을 때 남침례회 전 회장이자 텍사스주 댈러스 소재 제일 침례교회(First Baptist

---

4   *Annual of the Southern Baptist Convention, 1972* (Nashville: Executive Committee, Southern Baptist Convention, 1972), 72. 1971년 결의의 재확인에 관해서는 *Annual of the Southern Baptist Convention, 1974* (Nashville: Executive Committee, Southern Baptist Convention, 1974), 76을 보라. 1976년 결의안은 좀 더 숙고하여 "남침례회 신자들과 이 나라의 모든 시민은 많은 사람에게 낙태를 산아 제한의 수단으로 사용하도록 장려하는 태도들과 상태들을 변화시키기 위해 노력해야 한다"라고 요구했다. 그러나 그 결의안은 또한 "우리는 낙태와 관련된 문제를 다룸에 있어 정부의 역할이 제한되어야 한다고 확신하며, 임산부들이 생명과 건강의 보존을 위해 완전한 범위의 의료 서비스와 개인적인 상담을 받을 권리를 지지한다"라고 확인했다. *Annual of the Southern Baptist Convention, 1976* (Nashville: Executive Committee, Southern Baptist Convention, 1976), 58.

Church)의 목사인 W. A. 크리스웰(W. A. Criswell)은 "나는 항상 아기가 별도의 사람이 되는 시기는 태어나 엄마로부터 분리된 생명을 갖는 때라고 생각해왔다"라며 그 판결에 대한 만족감을 표명했다. 20세기의 가장 유명한 근본주의자 중 한 명인 그는 "따라서 내게는 언제나 엄마와 미래를 위한 최선이 허용되어야 하는 것으로 보였다"라고 말했다.[5]

특히 침례교 신자들은 로 판결이 교회와 국가 사이, 개인의 도덕과 개인의 행동에 대한 국가의 규제 사이의 경계선을 적절하게 표명했다며 그 판결을 칭찬했다. 「뱁티스트 프레스」(*Baptist Press*)의 W. 배리 가레트(W. Barry Garrett)는 "연방 대법원의 낙태 결정을 통해 종교적 자유와 인간의 평등과 정의가 진척된다"라고 주장했다. 미국 복음주의 협회의 플로이드 로버트슨(Floyd Robertson)

---

5   Criswell, "What Price Abortion?" *Christianity Today*, March 2, 1973, 39 에 인용된 말.

은 **로** 판결에 동의하지 않았지만, 그는 복음주의자들에게
는 법적 구제가 우선순위가 아니어야 한다고 믿었다. 그
는 그 단체의 회보 「유나이티드 에반젤리컬 액션」(*United
Evangelical Action*) 1973년 여름 호에 "낙태 문제는 복음주의
자들에게 교회가 결코 국가가 자신의 사명이나 도덕 기준
을 지지하는 데 의존하지 않아야 함을 상기시켜야 한다"
라고 주장했다. "교회와 국가는 분리되어야 한다. 그리스
도인들의 행동과 행위는 세속적인 공동체를 뛰어넘는데,
세속적인 공동체에 대해서는 국가가 책임을 진다."[6]

「크리스채너티 투데이」 등 그 판결에 의문을 제기한
복음주의자의 음성이 일부 존재했다. 그 잡지가 "낙태가
가톨릭의 문제인가?"(Is Abortion a Catholic Issue?)라는 제목
의 사설을 3년 뒤에 실었지만 말이다. 그 사설은 생명에
대한 권리의 일반 원칙을 긍정했지만 "물론 부모의 권리

---

6   Garrett, "What Price Abortion?" *Christianity Today*, March 2, 1973, 39
     에 인용된 말; Floyd Robertson, in *United Evangelical Action*, Summer
     1973, 8–11(이 책에 인용된 부분은 11쪽에 수록되어 있음).

와 '언제 생명이 시작하는가?'라는 매우 논란이 되는 문제 같은 다른 고려 사항들이 존재한다"라고 결론지었다.[7]

　로 대 웨이드 판결에 대한 복음주의자들의 압도적인 반응은 침묵이었으며, 간혹 그 문제에 관해 의견이 표명되더라도 그런 의견은 모호했다. 「크리스채너티 투데이」 편집인을 연임했던 칼 F. H. 헨리(Carl F. H. Henry)와 헤럴드 린젤(Harold Lindsell)은 낙태에 관해 모호한 입장을 취했다. 헨리는 "여성의 몸은 다른 사람들의 영역이나 소유가 아님"을 긍정했다. 린젤은 "기독교의 관점에서 강력한 정신의학적 이유가 있다면, 자비와 신중함이 치료 목적의 낙태를 허용할 수도 있을 것이다"라고 인정했다. 훗날 낙태에 대해 가차 없이 비판한 제임스 돕슨(James Dobson)조차 1973년에 성경은 그 문제에 관해 침묵하며, 따라서 복음주의자가 "발달 중인 배아나 태아는 완전한 인간으로 간

7　"Abortion and the Court," *Christianity Today*, February 16, 1973, 32; "Is Abortion a Catholic Issue," *Christianity Today*, January 16, 1976.

주되지 않는다"라고 믿어도 타당하다는 것을 인정했다.[8]

1977년 복음주의 진영에서 존경받는 또 다른 인물이 그 대화에 합류했다. 자신을 "그리스도인이자 아버지이며 복음 사역자이고 신학 교수"라고 소개하는 월터 마틴(Walter Martin)—그는 침례교 사역자였고, 크리스천 리서치 연구소(Christian Research Institute) 설립자였으며, 오랫동안 「이터니티」(*Eternity*)의 편집인이었다—이 『낙태: 그것은 항상 살인인가?』(*Abortion: Is It Always Murder?*)라는 제목의 소책자에서 그 문제를 다뤘다. 마틴은 낙태가 산아 제한의 한 형태로서는 허용될 수 없다고 주장했지만, 강간이나 근친상간의 경우나 임부의 건강을 보호하기 위해서라면 낙태가 허용되어야 한다고 덧붙였다. 마틴은 "나는 모

---

8   Carl F. H. Henry, "Abortion: An Evangelical View," in Matthew Avery Sutton, *Jerry Falwell and the Rise of the Religious Right: A Brief History with Documents* (Boston: Bedford/St. Martin's, 2013), 95; Harold Lindsell, *The World, the Flesh, and the Devil* (Minneapolis: World Wide Publications, 1973), 100, 101; Dobson, Letha Scanzoni, *Sex Is a Parent Affair: Help for Parents in Teaching Their Children about Sex* (Colorado Springs: Regal Books, 1973), 147에 인용된 말.

든 형태의 낙태에 반대하는 사람들은 건방지게 신을 지도하고 있는 셈이라고 생각한다"라고 썼다. "그러나 낙태가 항상 살인이라고 말할 수 없다." 그는 그리스도인들에게는 이 땅의 법에 도전할 권리가 주어졌음을 인정했지만— "사람보다 하나님께 순종하는 것이 마땅하다"—"우리는 하나님을 위해 낙태의 모든 영역에서 독단적인 선언을 하는 것을 중단할 필요가 있다"라고 결론지었다.[9]

복음주의자들 사이에서 낙태에 대한 반대는 좀처럼 확립되지 않았다. 폴웰은 1975년까지는 낙태에 관해 공개적으로 진술하지 않았고, 폴웰 자신이 인정하듯이 **로 대 웨이드** 판결이 내려진 후 5년도 더 지난 1978년 2월 26일에야 낙태에 관해 공개적으로 진술했다. 2011년에 초기 낙태 반대 활동가가 자신이 1970년대에 복음주의자들 사이에서 어떤 대접을 받았는지를 회고했다. 로버트 케이스

---

9 Walter Martin, *Abortion: Is It Always Murder?* (Santa Ana, CA: Vision House Publishers, 1977), 5, 43, 42, 44.

(Robert Case)는 "우리 복음주의자들은 주저하고 있던 반면에" "로마 가톨릭교도들은 미국의 태어나지 않은 이들을 위한 구원의 횃불을 들고 있었다"라고 회상했다. 그는 자기가 복음주의 신학협회의 한 모임에서 "냉담한" 반응을 받은 것을 묘사하고 "로 대 웨이드 판결이 내려지고 나서 4년이 지났는데도 복음주의적인 그리스도인들은 여전히 낙태에 관해 모호한 태도를 보인다"라고 개탄했다.[10]

종교적 우파 지도자들을 통해 끝없이 선전되는 낙태 신화가 계속되고 있지만, 복음주의자들은 1970년대 말까지 낙태를 "가톨릭의 문제"라고 여겼으며, 1970년대 말에도 낙태에 대한 반대는 확립되지 않았다.

---

10 Seth Dowland, "'Family Values' and the Formation of a Christian Right Agenda," *Church History* 78 (September 2009): 606-31; Robert Case, "Harold O. J. 'Joe' Brown, the Christian Action Council and Me," *Aquila Report*, May 15, 2011, https://www.theaquilareport.com / harold-o-j-joe-brown-the-christian-action-council-and-me/.

6장   **실제로 무슨 일이 일어났는가?**

종교적 우파의 진정한 기폭제는 법원의 결정이었지만 그 것은 **로 대 웨이드** 판결이 아니었다. 그것은 **그린 대 코널 리**(*Green v. Connally*) 소송에서 컬럼비아 특별구 지방 법원 의 하급심이 내린 결정이었다. 1971년 6월 30일 그 법원 은 인종 분리나 인종 차별에 관여한 어떤 조직도 정의상 자선 기관이 아니며, 따라서 면세 지위를 인정받지 못한다 고 결정했다. 연방 대법원의 **코이트 대 그린**(*Coit v. Green*) 판결은 지방 법원의 판결을 확정했으며, 미국 국세청은 이 어서 인종 배제의 오랜 역사를 자랑하는 사우스캐롤라이 나주 그린빌에 있는 근본주의자 학교인 밥 존스 대학교

(Bob Jones University)뿐만 아니라 소위 인종 분리 학교들의 인종 정책을 조사하기 시작했다.

1969년 5월 미시시피주 홈스 카운티의 윌리엄 H. 그린(William H. Green)이 인도하는 한 아프리카계 미국인 부모 그룹이 새로운 백인 전용 K-12 사립학교 세 곳이 면세 지위를 확보하지 못하게 하려고 재무부 장관과 국세청장을 상대로 소송을 제기했다. 그들은 그 학교들이 인종 차별 정책 때문에 "자선" 기관으로 여겨질 수 없다고 주장했다. 그 학교들은 1954년 **브라운 대 교육위원회**(*Brown v. Board*) 판결로 촉발된 공립학교의 인종 차별 폐지에 대응하여 1960년대 중반에 설립되었다. 인종 차별 폐지 첫해인 1969년 홈스 카운티의 공립학교에 등록한 학생 수는 771명에서 28명으로 감소했다. 다음 해에는 등록한 백인 학생이 한 명도 없었다.[1]

---

1 **그린 대 코널리** 소송을 둘러싼 상황에 대한 뛰어난 검토는 Joseph Crespino, "Civil Rights and the Religious Right," in *Rightward Bound: Making America Conservative in the 1970s,* ed. Bruce J. Schulman and

1970년 1월에 결정된 **그린 대 케네디** 판결에서(데이비드 케네디[David Kennedy]가 당시의 재무부 장관이었다) 원고들은 추가로 검토할 때까지 "인종 분리 학교들"의 면세 지위를 부인하는 가처분을 얻어냈다. 그동안에 정부는 그런 학교들에 대한 정부 입장을 공고히 하고 있었다. 같은 해에 리처드 닉슨 대통령이 국세청에 미국의 모든 인종 분리 학교에 대한 면세를 부인하는 새로운 정책을 시행하라고 지시했다. 인종 분리와 차별을 금지한 민권법 제6장의 규정에 따라 인종을 차별하는 학교들은—정의상—"자선" 교육 기관이 아니었고 따라서 면세 지위를 주장할 수 없었다. 이와 유사하게 그런 기관들에 대한 기부는 더 이상 세금 공제 항목으로 인정되는 기부 자격이 없게 될 터였다.[2]

Julian E. Zelizer (Cambridge, MA: Harvard University Press, 2008), 90-105을 보라. Crespino는 **브라운 대 교육위원회** 재판과 **그린 대 코널리** 재판이 종교적 우파의 기폭제라고 올바로 적시한다.

2   Green v. Connally, 330 F. Supp. 1150 (D.D.C.) *aff'd* sub nom. Coit v. Green, 404 U.S. 997 (1971).

1971년 6월 30일 미국 컬럼비아 특별구 지방 법원은 이제 **그린 대 코널리** 사건이 된 그 소송에서 판결을 내렸다(존 코널리[John Connally]가 데이비드 케네디를 이어 재무부 장관이 되었다). 그 판결은 국세청의 새 정책을 지지했다. "국세청 규정의 적절한 해석에 따르면 인종을 차별하는 사립학교들은 자선 교육 기관에 제공되는 연방 면세 자격이 없으며, 그런 학교들에 기부하는 사람들은 자선 교육 기관에 기부한 경우 제공되는 공제 자격이 없다."[3]

폴 웨이리치는 기회를 발견했다. 제2차 세계대전 이후 몇십 년 동안 복음주의자들, 특히 북부의 백인 복음주의자들은 공화당 쪽으로 이동했다. 냉전에 대한 일반적인 불안감, 가톨릭에 대한 의심의 잔재, 유명한 복음주의자인 빌리 그레이엄이 드와이트 아이젠하워(Dwight Eisenhower)와 리처드 닉슨의 공공연한 친구였다는 점이 그들을 그

---

3   Green v. Connally, 330 F. Supp. 1150 (D.D.C.) *aff'd* sub nom. Coit v. Green, 404 U.S. 997 (1971).

방향으로 기울게 만든 요인이었다. 하지만 이런 편애에도 불구하고 복음주의자들은 적어도 조직적으로는 정치적 영역 밖에 머물렀다. 웨이리치는 자기가 그것을 바꿀 수 있다면 복음주의자들의 수가 많기 때문에 자기들이 엄청난 유권자 집단이 될 것이라고 생각했으며, 자기가 보수적인 대의하에 그들을 규합할 수 있으리라고 믿었다.

웨이리치는 1970년대 중반에 "우리[보수주의자들]는 새 정치 철학을 도덕적인 관점에서 정의하고, 비종교적인 언어로 포장하고, 우리의 새로운 제휴자를 통해 전국에 선전해야 한다"라고 썼다. "정치적 힘이 달성되면 도덕적 다수파(moral majority, 소문자로 시작한다)에게 이 위대한 나라를 재창조할 기회가 주어질 것이다." 웨이리치는 그런 제휴의 정치적 가능성이 무한하다고 믿었다. 그는 "지도력, 도덕 철학, 실행 가능한 도구가 손에 닿는 곳에 있으며 이제 융합되어 활성화되기를 기다리고 있다"라고 주장했다. "도덕적 다수파가 행동한다면 그 결과는 우리의 가장 큰 꿈들을 훨씬 상회할 것이다."[4]

그러나 이 가상의 "도덕적 다수파"는 기폭제, 즉 그것을 중심으로 모일 깃발이 필요했다. 웨이리치 자신의 설명에 따르면 그는 거의 20년 동안 한 가지 이슈라도 복음주의자들을 자극하기를 바라면서 포르노그래피, 학교에서의 기도, 헌법 평등권 수정안, 심지어 낙태 등 여러 이슈를 제기해왔다. 웨이리치는 1990년에 "나는 이 사람들이 이런 이슈들에 관심을 가지게 하려고 노력했지만, 완전히 실패했다"라고 회상했다.[5]

---

4   "The Moral Majority" (날짜가 표시되지 않은 문서, Box 19, Paul M. Weyrich Papers, American Heritage Center, University of Wyoming).

5   Weyrich, William Martin, *With God on Our Side: The Rise of the Religious Right in America* (New York: Broadway Books, 1996), 173에 인용된 말. 이르게는 그 이름으로 단체가 결성되기 몇 달 전인 1979년 2월에 Howard Phillips가 "도덕적 다수파"라는 이름을 쓰고 있었다. Phillips to Falwell, February 27, 1979, Evangelist Activism, Box 15, Paul M. Weyrich Papers를 보라. 역사학자인 Robert Freedman에 따르면 "대법원이 공립학교에서의 기도를 금지한 것(1962)과 낙태를 합법화한 것(1973)이 많은 복음주의자와 근본주의자를 격노하게 했다. 하지만 그 결과 정치에 적극적으로 참여하기로 결심한 사람은 별로 없었다." 그는 "Weyrich는 카터 행정부의 기독교 학교들을 향한 정책이 전환점이었다고 믿는다"라고 덧붙인다. Robert Freedman, "The Religious

그린 대 코널리 판결이 필요한 첫걸음을 제공했다. 특히 국세청이 폴웰의 린치버그 기독교 학교 등 교회와 관련된 "인종 분리 학교들"에 질문지를 보내 그들의 인종 정책을 묻기 시작하자 그 판결이 복음주의 지도자들의 관심을 끌었다. 폴웰은 매우 화가 났다. 그가 "몇몇 주에서는 마사지 업소를 차리는 것이 기독교 학교를 세우기보다 쉽다"라고 불평한 말은 유명하다.[6]

그런 학교 중 하나로서 사우스캐롤라이나주 그린빌에 소재한 근본주의자 대학인 밥 존스 대학교는 특히 완고했다. 국세청은 밥 존스 대학교가 인종을 토대로 차별

Right and the Carter Administration," *Historical Journal* 48 (March 2005): 236. Michael Lienesch는 "보수적인 그리스도인 로비스트들은 원래는 기독교 학교들을 인종 불균형 문제에 대한 국세청의 조사로부터 보호하는 데 관심이 있었다"라고 말한다. Michael Lienesch, "Right-Wing Religion: Christian Conservatism as a Political Movement," *Political Science Quarterly* 97 (Autumn 1982): 409. 초기 종교적 우파에게 있어 학교들의 중요성에 관해서는 J. Charles Park, "Preachers, Politics, and Public Education: A Review of Right-Wing Pressures against Public Schooling in America," *Phi Delta Kappan* 61 (May 1980): 608-12을 보라.

6   Falwell, Martin, *With God on Our Side*, 172에 인용된 말.

했는지를 확인하기 위해 1970년 11월 첫 번째 서신을 보냈다. 그 학교는 반항적으로 답변했다. 그들은 아프리카계 미국인의 입학을 허용하지 않았다.

그 학교의 설립자인 밥 존스 주니어(Bob Jones Jr.)는 성경이 인종 분리를 명령한다고 주장했지만, 폴웰과 웨이리치는 재빨리 그 논쟁의 토대를 옮겨서 그들의 반대를 인종 분리 방어의 관점에서가 아니라 종교 자유의 관점에서 틀을 짜려고 했다. 복음주의 지도자들은 수십 년 동안 자기들의 교육 기관들이 연방의 돈을 받지 않기 때문에(물론 세금을 낼 필요가 없다는 점은 제외하고) 정부가 자기들에게 학교를 어떻게 운영하라고— 누구를 고용할지 말지, 누구의 입학을 허용할지 말지—지시할 수 없다고 자랑해왔다. 하지만 1954년 **브라운 대 교육위원회** 판결과 10년 뒤의 민권법이 그 계산을 변화시켰다.

나는 어린 시절에 이런 논쟁들을 들었던 것을 기억한다. 때때로 성경학교 교장이나 복음주의 대학 학장이 대개 주일 저녁 예배 때 내 부친의 회중을 방문하곤 했다. 교장은 기금을 모금하고 학생들을 모집하기 위해 출장을 다니곤 했는데, 그들의 틀에 박힌 강조점은 언제나 다음과 같았다. "우리는 연방의 돈을 받지 않습니다. 그러므로 정부는 우리에게 어떻게 하라고 말할 수 없습니다." 이 기관들은 밥 존스 대학교와 마찬가지로 오랫동안 자기들이 연방의 자금을 받지 않기 때문에 정부로부터 구속받지 않는다―정부는 그들에게 자기들의 기관을 어떻게 운영하라고 말할 수 없다―고 주장해왔다.

그러나 그런 궤변은 세금 면제가 공적 부조의 한 형태라는 중요한 사실을 무시하는 처사다. 교회들과 비영리 기관들은 (임금에 대한 사회보장세를 제외한) 세금을 낼 필요가 없는데, 이는 납세하는 시민들이 공원과 경찰의 보호와 국방 등 모든 공적 서비스 공급에 필요한 예산의 차액을 부담한다는 것을 의미한다.

웨이리치와 종교적 우파의 기타 창시자들은 그들의 정치적 행동주의의 논거를 인종 분리 방어로부터 종교 자유 방어로 세심하게 이동시키는 한편, 종교 기관들이 세금 면제를 포기하기만 하면 어떤 인종 정책이든 자유롭게 추구할 수 있다는 사실은 무시했다. 실제로 종교적 우파에 대한 가장 명백하고 상식적인 이해는 보수적인 인종 분리를 방어하기 위해 복음주의자들이 동원되었다는 것이다. 웨이리치의 교활함이 그 운동에 대한 인식을 인종주의에서 벗어나 좀 더 고상한 종교 자유 방어로 이동시켰다(훗날 종교적 우파의 낙태 반대가 그것의 이미지를 도덕적 악에 대항하는 십자군 운동으로 추가로 윤색했다).

1970년대에 밥 존스 대학교는 사실은 자체의 방식으로 국세청을 회유하려고 노력했다. 그 학교의 인종 정책에 대한 최초의 조사 후에 밥 존스 대학교는 자신의 교내 라디오 방송국 WMUU에서 일하는 한 아프리카계 미국인을 시간제 학생으로 받아들였다. 그는 한 달 뒤 자퇴했다. 1975년 그 학교는 다시 한번 국세청의 조치를 막기 위해 흑인 학생을 받아들였지만, 백인과 흑인 사이의 혼혈에 대한 두려움으로 **미혼** 아프리카계 미국인은 받아들이지 않았다. 그 학교는 또한 인종 간 교제를 하거나 심지어 인종

간 교제를 옹호하는 기관과 관련을 맺는 학생은 퇴학당할 것이라는 규정을 제정했다.[7]

국세청은 회유되지 않았다. 1976년 1월 19일, 몇 년 동안의―인종을 통합하거나 세금을 납부하라는―경고 후에 국세청은 그 학교의 면세 지위를 취소했다. **그린 대 코널리** 재판 이후 그 문제의 추이를 관찰해오던 많은 복음주의 지도자에게 밥 존스 대학교는 선도자로 보이게 되었다. 국세청이 1978년 8월 "소수민족 학생 수가 하찮은" 학교들의 면세를 취소하겠다는 의도를 선언하자 웨이리치는 인종 분리 정책을 유지하는 복음주의 학교 방어를 자신의 이슈로 삼았다.[8]

낙태 신화―종교적 우파 운동이 **로 대 웨이드** 판결에

---

7   "'Most Unusual': No Time for a Change," *Christianity Today*, December 17, 1971, 34. Bob Jones 3세는 "이 흑인 학생 한 명의 등록과 그 대학이 직면하고 있던 주요 위협들 사이에는 어떤 관계도 없다"라고 주장했다. 그런데 그 라디오 방송국의 부호 WMUU는 "세상에서 가장 이례적인 대학교"(world's most unusual university)의 약어다.

8   Dominic Sandbrook, *Mad as Hell: The Crisis of the 1970s and the Rise of the Populist Right* (New York: Anchor Books, 2011), 356.

반대하여 시작되었다는 허구―에도 불구하고 종교적 우파의 다른 초기 지도자들은 밥 존스 대학교와 다른 학교들의 방어가 복음주의 지도자들을 하나의 정치 세력으로 활기를 띠게 했다는 웨이리치의 설명을 확증했다. 전에 도덕적 다수파(Moral Majority) 운동에서 폴웰의 조수였던 에드 돕슨(Ed Dobson)은 1990년 "종교적 뉴라이트는 낙태에 관한 우려 때문에 시작한 것이 아니다"라고 말했다. "나는 사람들로 가득 찬 비흡연실에서 도덕적 다수파와 함께 앉아 있었는데, 솔직히 낙태가 우리가 뭔가를 해야 한다는 이유로 언급되고 있었다고 기억하지 않는다." 또 다른 보수주의 활동가인 그로버 노퀴스트(Grover Norquist)는 **로 대 웨이드** 판결이 종교적 우파의 부상(浮上)에서 고려 요인이 아니었다고 확인했다. 노퀴스트는 2009년 6월 「유에스 뉴스 앤 월드 리포트」(*U.S. News & World Report*)의 댄 질고프(Dan Gilgoff)에게 "종교적 우파는 1962년 학교에서의 기도 문제로 시작되지 않았습니다"라고 말했다. "그것은 1973년 **로 대 웨이드** 판결 때문에 시작된 것도 아닙니다.

그것은 1977년 또는 1978년에 카터 행정부가 기독교 학교들과 라디오 방송국들을 공격하자 시작되었습니다. 그 일을 계기로 모든 기관이 생겨났습니다. 그것은 순전히 자기방어였습니다."[9]

국세청의 조치들은 특히 밥 존스 대학교에 영향을 주어서 그 학교와 관련된 이들에게 정치적 행동주의에 돌입하도록 자극했다. 그 대학교에서 오랫동안 행정 직원으로 일했고 1980년에 정치적으로 활발하게 활동한 엘머 L. 러밍거(Elmer L. Rumminger)는 그 국세청 사례는 복음주의 학교들의 상황에 있어 "정부의 개입으로 무슨 일이 일어날 수 있는가에 관해 기독교 학교 공동체를 변화시켰습니다"라고 기억했다. "그것은 관련된 우리 모두에게 뭔가를 시

---

9   Dobson, Michael Cromartie, ed., *No Longer Exiles: The Religious New Right in American Politics* (Washington, DC: Ethics and Public Policy Center, 1993), 52에 인용된 말; Dan Gilgoff, "Exclusive: Grover Norquist Gives Religious Conservatives Tough Love," *God & Country: On Faith, Politics, and Culture*, June 11, 2009, www.usnews.com/blogs/god-and-country.

작하게 한, 참으로 중요한 이슈였습니다. 적어도 내게는 말이죠." 낙태는 어땠느냐는 질문에 그는 "아니오, 낙태는 문제가 아니었습니다"라고 역설했다. "이것은 낙태 반대 운동 자체가 아니었어요. 낙태는 우리가 관심을 기울인 이 슈 중 하나였을 뿐입니다. 나는 **로 대 웨이드** 판결을 지목 하는 사람이 있다는 것을 알지만 그것은 우리를 움직이게 한 요인이 아닙니다. 내게 그 요인은 정부가 사립 교육 기 관에 간섭한 것이었습니다."[10]

밥 존스 대학교가 자신의 세금 면제 지위를 유지하고 자 소송을 제기했을 때 웨이리치는 자기의 입장을 밀고 나갔다. 복음주의 지도자들, 특히 자기의 학교가 그 결정 에 영향을 받은 사람들은 화가 났으며 그 결정을 종교 문 제에 대한 정부의 간섭으로 보기로 했다. 웨이리치는 **그린 대 코널리** 재판을 사용하여 정부에 대항하여 복음주의자 들을 규합했다. 그는 「컨저버티브 다이제스트」(*Conservative*

---

10   Elmer L. Rumminger와의 전화 인터뷰, July 17, 2010.

Digest)와의 인터뷰에서 "국세청이 사립학교들에 대한 면세를 부인하려고 했을 때" "그것이 다른 어떤 단일한 조치보다 근본주의자들과 복음주의자들을 정치 과정에 참여하게 했습니다"라고 말했다. 뉴라이트(New Right)의 설립자 중 한 명인 리처드 비거리(Richard Viguerie)는 국세청의 그 조치는 "잠자는 개를 발로 찼습니다"라고 말했다. "그것은 종교적 우파가 실제 정치에 관여하도록 불을 붙인 사건이었습니다." 「컨저버티브 다이제스트」가 1979년 8월 지미 카터 행정부에 대한 복음주의자들의 불만 목록을 작성했을 때 국세청의 규정이 1위를 차지했다. 다른 한편으로 낙태는 언급되지 않았다.[11]

11　Paul Weyrich, "The Pro-Family Movement," *Conservative Digest* 6 (May-June 1980): 14; Freedman, "Religious Right and the Carter Administration," 238, 240; Wilfred F. Drake, "Tax Status of Private Segregated Schools: The New Revenue Procedure," *William and Mary Law Review* 20 (1979): 463-512; "Jimmy Carter's Betrayal of the Christian Voter," *Conservative Digest*, August 1979, 15; Michael Sean Winters, *God's Right Hand: How Jerry Falwell Made God a Republican and Baptized the American Right* (San Francisco: HarperOne, 2012), 110; Crespino, "Civil Rights and the Religious Right," 99-100.

복음주의자들은 정치 활동을 늘리면서 자기들이 복음주의 하위문화의 존엄성이라고 여긴 것을 외부의 간섭으로부터 방어한다고 묘사했다. 웨이리치는 약삭빠르게 그런 두려움을 포착했다. 그는 1990년에 "그 운동을 표면에 떠오르게 한 요소는 기독교 학교에 불리한 연방 정부의 조치였다"라고 반복했다. "이 조치는 그리스도인들이 그들의 학교들 안에 고립되어서 그들이 원하는 것을 가르칠 수 있다는 기독교 공동체의 개념을 산산이 부쉈다." 화가 난 복음주의자들에게 웨이리치의 작은 정부라는 보수적인 복음은 갑자기 큰 반응을 일으켰다. 웨이리치는 "그것은 낙태 이슈가 아니었다. 낙태로는 충분하지 않았다"라고 회상했다. "그것은 이 사회에서 고립은 더 이상 통하지 않는다는 인식이었다."[12]

훗날 종교적 우파의 지도자들이 자기들의 정치화가 1973년 **로 대 웨이드** 판결에 대한 직접적인 대응이었다

---

12   Weyrich, Cromartie, *No Longer Exiles*, 26에 인용된 말.

고 묘사하려고 했지만, 웨이리치와 종교적 우파의 다른 조직자들은 이 낙태 신화를 강력하게 일축했다. **로 대 웨이드** 판결이 아니라 **그린 대 코널리** 판결이 기폭제 역할을 했다.

　좀 더 넓게는 웨이리치에 의해 자극을 받은 복음주의 지도자들이 면세 자체가 일종의 공적 부조라는 사실을 무시하고, 인종 분리주의 학교들에 불리한 국세청 규정을 복음주의 하위문화의 온전성과 존엄성에 대한 공격으로 해석하기로 했다. 그것이 그들로 하여금 행동을 취하고 정치 운동으로 조직하도록 자극한 계기였다. 낙태에 대한 반대는 나중에 등장했다.

7장

낙태는 어떻게 된 것인가?

낙태가 어떻게 최종적으로 종교적 우파의 의제 중 하나가 되었는가? 폴 웨이리치와 초창기 종교적 우파의 지도자들은 영리하게도 국세청에 반대하여 복음주의자들을 동원한 뒤 평범한 복음주의자들을 투표소로 끌어내기 위해서는 인종 분리 방어 외에 또 다른 이슈가 필요함을 알아차렸다. 그러나 낙태에 대한 반대는 결코 논리적인 대안이 아니었다.

　몇몇 전문가가 의견을 제공했다. 복음주의 학교들을 겨냥한 국세청의 조치들에 항의하기 위한 미국 그리스도인 행동 연합(National Christian Action Coalition)을 결성한 밥 존스 대학교 졸업생 로버트 빌링스(Robert Billings)는 동성애자의 권리에 대한 반대가 복음주의자인 유권자를 격려하리라고 생각했다. 그는 "사람들을 자극하려면 감정적으로 민감한 이슈가 필요하다"라고 말했다. "나는 동성애 이슈가 바로 우리가 사용해야 할 이슈라고 생각한다."[1]

1977년 전 오클라호마 미인대회 우승자이자 미스 아메리카 준우승자인 애니타 브라이언트(Anita Bryant)가 플로리다주 데이드 카운티에서 게이와 레즈비언의 권리를 보호하는 조례를 폐지하기 위해 세이브 아워 칠드런(Save Our Children) 운동을 조직했다. 그러나 브라이언트조차 학교 이슈와 면세가 종교적 우파의 핵심 의제임을 인식했다. 그녀는 "나는 편안한 그리스도인의 시대는 끝났다고 믿는다"라고 선언했다. "시골 지역의 모든 사람에게 미치지 않았을지도 모르지만, 그것은 도시에서는 그들이 사립학

---

1   Billings, Chuck Stewart, *Gay and Lesbian Issues: A Reference Handbook* (Santa Barbara, CA: ABCCLIO, 2003), 218에 인용된 말.

교와 종교학교를 장악하고 그 학교들에 미치는 것을 막기 위한 전쟁이다."[2]

1970년대의 대부분 동안 낙태를 비난하는 복음주의의 목소리는 별로 없었다. 1971년 5월 17일, 칼 매킨타이어(Carl McIntire)의 초근본주의자 조직인 미국 기독교 교회협의회(American Council of Christian Churches) 집행위원회는 "인간 생명의 존엄성"을 긍정하고 "요구에 의한 낙태"에 반대하는 보도자료를 발표했다.

정치적 스펙트럼의 반대쪽 끝에서는 **로 대 웨이드** 판결 이후 오리건주 공화당 상원의원이자 진보적 복음주의자인 마크 O. 햇필드(Mark O. Hatfield)가 강간의 경우나 임산부의 생명이 위험에 처했을 때를 제외하고 낙태를 금지하는 헌법 수정안을 공동으로 발의했다.[3]

---

2   Robert Freedman, "Religious Right and the Carter Administration," *Historical Journal* 48 (March 2005): 240–41, 242; Duane Murray Oldfield, *The Right and the Righteous: The Christian Right Confronts the Republican Party* (Lanham, MD: Rowman & Littlefield, 1996), 100.

3   Robert H. DuVall, American Council of Christian Churches 회장, 보도

낙태에 반대하는 몇몇 복음주의자는 **로 대 웨이드** 판결이 내려지고 나서 3년 뒤인 1976년 1월 16일자 「크리스채너티 투데이」에 실린 해럴드 O. J. 브라운의 "미국 그리스도인들의 수동성"(The Passivity of American Christians)이 낙태에 반대한 복음주의자의 최초의 주요 진술이었다고 주장한다. 그 기사는 실제로 "초기부터 현재까지 그리스도인들의 압도적인 증언은 임부의 생명에 중대한 위협이 있는 경우를 제외하고 낙태에 반대하는 것이었다"라고 말하지만, 이는 그 기사 작성자가 복음주의자들에게 문화적 문제들에서 목소리를 내라고 촉구하는 좀 더 넓은 주장에

자료, May 17, 1971, Valley Forge, PA; Robert Eels and Bartell Nyberg, *Lonely Walk: The Life of Senator Mark Hatfield* (Chappaqua, NY: Christian Herald Books, 1979), 95; Lon Fendall, *Stand Alone or Come Home: Mark Hatfield as an Evangelical and a Progressive* (Newberg, OR: Barclay, 2008), 155-58. Hatfield는 평생 낙태에 반대하는 입장을 유지했지만, 가족계획연맹(Planned Parenthood)과 특히 그 기관의 성교육 및 피임 노력을 지지했다. 그는 또한 사형에 반대하고 총기 규제와 빈곤 퇴치 프로그램을 지지하는 등 "생명 존중"과 일관성 있게 관련을 맺었다. Mark O. Hatfield, with Diane N. Solomon, *Against the Grain: Reflections of a Rebel Republican* (Ashland, OR: White Cloud, 2001), 89-92을 보라.

열거된 여러 사례 중 하나의 예인 것처럼 보인다.[4]

그 후 머지않아 웨이리치는 전 테네시주 상원의원이자 공화당 전국 위원회 의장 윌리엄 브록(William Brock)에게 접근해 1978년 중간 선거를 앞두고 복음주의자인 유권자를 동원하는 데 도움을 요청했다. 그의 호소는 무시당했다. 웨이리치는 그 위원회 의장이 "내가 무슨 말을 하는지 이해하지 못했다"라고 말했다. "그 말이 브록에게는 말이 되지 않을 정도로 너무 낯설었다." 웨이리치는 이에 굴하지 않고 "1978년 선거에서 가능성이 크지 않은 몇몇 사람을 당선시키겠다고" 결심했다.[5]

1978년 중간 선거에서 생명 존중을 표방하는 공화당 후보들이 뉴햄프셔주, 아이오와주, 미네소타주에서 우세하던 민주당 후보들에게 승리를 거두자 웨이리치는 낙태 반대가 대중적인 이슈가 될 수 있다고 생각하게 되었다.

---

4   Harold O. J. Brown, "The Passivity of American Christians," *Christianity Today*, January 16, 1976.

5   Freedman, "Religious Right and the Carter Administration," 243.

그 선거에서 낙태 반대 활동가들(주로 로마 가톨릭 신자들)은 선거운동의 마지막 주말에 교회 주차장에서 전단지를 배포했다. 이틀 후, 우세를 보이던 민주당 후보들이 매우 낮은 투표율을 보인 총선에서 패배했다.

예를 들어 아이오와주에서는 여론 조사들과 전문가들이 현직 상원의원인 리처드 C. "딕" 클라크(Richard C. "Dick" Clark)가 쉽게 재선에 성공할 것으로 예상했다. 11월에 선거가 치러질 때까지 실시된 모든 여론 조사는 클라크가 10퍼센트 포인트 이상 우세할 것이라고 예상했다. 6년 전에 클라크는 주 전역을 걸어 다니면서 재선 현직 공화당 의원 잭 밀러(Jack Miller)에게 도전하는 자신의 풀뿌리 운동에 주의를 집중시켰으며 55퍼센트의 득표율로 승리했다. 그는 그 주에서 계속 인기가 있었다. 하지만 낙태 반대 활동가들은 클라크를 낙선 대상으로 겨냥했으며 클라크의 재선 유세 마지막 주말에 낙태에 반대하는 아이오와주 주민(주로 로마 가톨릭 신자들이었다) 대표들이 교회 주차장에 전단지 약 30만 장을 배포했다. 이틀 후 투표율이 낮은 선거에서 생명 존중을 표방하는 공화당의 도전자 로저 젭슨(Roger Jepsen)이 클라크에게 승리를 거뒀다. 「디모인 레지스터」(*Des Moines Register*)가 선거 날 실시한 조사에서 아이오와주 유권자 약 25,000명이 낙태에 대한 젭슨의 입장 때문에 그에게 투표한 것으로 나타났다. 클라크는 CBS 뉴스의 브루스 모턴(Bruce Morton)에게 "나는 개인적으로 낙태 이슈가 핵심적인 이슈였다고 믿습니다"라고 말했다. 그의 선거 참모도 동의했다. 그 참모는 "그들이 배포한 전단지가 핵심이다"라고 말했다.[6]

「크리스채너티 투데이」는 클라크의 예상치 않은 패

---

6   Douglas E. Kneeland, "Clark Defeat in Iowa Laid to Abortion Issue,"
     New York Times, November 13, 1978; Daniel K. Williams, *God's Own
     Party: The Making of the Christian Right* (New York: Oxford University
     Press, 2010), 154; Dick Clark, CBS 뉴스 Bruce Morton과의 인터
     뷰, November 13, 1978. Hedrick Smith, "A Pattern of Stability: With
     Incumbents Faring Well, Results Indicate That Fears of Voter Revolt
     Were Exaggerated," *New York Times*, November 8, 1978도 보라. 훗날
     Clark의 인종 분리에 대한 강력한 반대 입장 때문에 남아프리카공화
     국의 백인 정부가 그의 패배를 위해 불법적으로 자금을 기부했다는 주
     장이 등장했다. Wendell Rawls Jr., "South African Role in Iowa Voting
     Charged," *New York Times*, March 22, 1979.

배를 언급했으며, 낙태에 반대한 공화당 후보들이 상원 의석 두 자리(하나는 임기가 남은 휴버트 험프리[Hubert Humphrey]의 자리였다)와 주지사를 차지하여 공화당이 미네소타주에서 3승을 거둔 것 역시 생명 존중론자들 덕분이라고 보았다. 그 잡지는 "낙태 반대주의자들이 미네소타주의 진보적인 민주당-농민당-노동당의 붕괴 원인이 되었다"라고 보도하면서 주지사 당선인이자 찰스 콜슨(Charles Colson)의 동지인 앨버트 퀴(Albert Quie)의 선거운동원들이 선거일 전 일요일에 주 전역의 교회 참석자들에게 전단지 25만 장을 배포했다"라고 덧붙였다.[7]

나는 리버티 대학교에서 폴웰의 문서 보관소와 와이오밍 대학교에서 웨이리치의 문서들을 조사하는 과정에서 1978년 선거가 일상의 복음주의 유권자들을 결집하는 방향으로 나아가는 형성 단계였음이 분명하다는 것을 알

---

7   "Religion at the Polls: Strength and Conflict," *Christianity Today*, December 1, 1978, 40-41.

게 되었다. 웨이리치와 복음주의 지도자들 사이의 서신 교환은 제법 흥분으로 가득 차 있다. 동료 보수주의자인 대니얼 B. 헤일스(Daniel B. Hales)에게 보낸 편지에서 웨이리치는 생명 존중 후보자들의 승리가 "축하할 진정한 이유"라고 표현했다. 동성애 권리에 대한 반대를 복음주의 유권자들을 "자극할 감정적으로 민감한 이슈"로 사용할 것을 촉구했던 공동 투쟁자 빌링스는 이제 낙태 반대가 '우리의 많은 주변부' 그리스도인 친구를 하나로 묶을 것"이라고 예측했다. 이 당시 **로 대 웨이드** 판결은 5년 이상 판례법으로 시행되고 있었다.[8]

웨이리치와 폴웰 및 신생 종교적 우파의 지도자들은 복음주의자들 사이에서 낙태를 정치적 이슈로 만들기 위해 영입이 불가능해 보였던 지지자를 확보했다. 그 인물은 바로 기독교적 가치의 쇠퇴와 그가 "세속적 인문주의"

---

8   Weyrich가 Hales에게 보낸 편지, December 31, 1978, Box 3, Paul M. Weyrich Papers, American Heritage Center, University of Wyoming.

라고 부른 것의 전진을 경고하고 있던, 염소수염을 기르고 헐렁한 바지를 입은 신학자 프란시스 A. 쉐퍼(Francis A. Schaeffer)였다. 많은 사람에게 종교적 우파의 지적 대부로 여겨지는 쉐퍼는 그의 정치적 행동주의로 알려지지는 않았지만, 1970년대 말에 낙태 합법화가 불가피하게 유아 살해와 안락사로 이어질 것이라고 경고했으며, 열심히 경종을 울렸다. 쉐퍼는 "인류에게 무슨 일이 일어났는가?"(*Whatever Happened to the Human Race?*)라는 제목의 영화 시리즈에서 필라델피아 출신의 소아외과 의사인 C. 에버레트 쿠프(C. Everett Koop)와 협력했다. 1979년 초에 쉐퍼와 쿠프는 전국을 순회하면서 복음주의자 청중들에게 이 영화들을 상영했는데, 이 영화들은 낙태의 끔찍함을 생생하게 묘사했다. 그중 가장 기억에 남을 만한 장면은 플라스틱 아기 인형들이 사해의 해변에 흩뿌려져 있는 모습이었다. 쉐퍼와 쿠프는 낙태를 묵인하는 사회는 "세속적 인문주의"에 사로잡혀 있으며, 따라서 도덕적 부패의 소용돌이에 휩싸여 있다고 주장했다.

웨이리치의 간계와 쉐퍼의 비탄 사이에서 복음주의 자들은 서서히 낙태 이슈에 관심을 기울이게 되었다. 쉐퍼에 따르면 개신교인들, 특히 복음주의자들은 "인간의 생명 문제에 대해 너무 나태했는데, '인류에게 무슨 일이 일어났는가?'가 교회에 다니는 사람들과 정부 관련 인사들에게 실제적인 파문을 일으키고 있다." 1979년 3월 순회 영화 상영을 마무리할 때 프란시스 쉐퍼의 아들과 그 영화의 감독은 "우리는 시민 불복종과 공화당의 수용을 촉구했으며 심지어 '낙태에 찬성하는 불의한 정부의 전복'을 암시하고 있었습니다"라고 말했다. 하지만 프랭크 쉐퍼는 그 영화 관객의 수는 1976년에 출간된 프란시스 쉐퍼의 이전 시리즈 저서 『그러면 우리는 어떻게 살 것인가』(How Should We Then Live?, 생명의말씀사 역간)의 독자 수보다 훨씬 적었다고 주장한다.[9]

---

9   Francis A. Schaeffer, Jean Garton, "25th Anniversary of the Roe v. Wade Case," *National Right to Life News* (newsletter), September 28, 1998에 인용된 말; Frank Schaeffer, *Crazy for God: How I Grew Up as One of the*

1980년 무렵에는 지미 카터가 조지아 주지사로서 및 대통령으로서 낙태 사례를 줄이기 위해 노력해왔지만, 그가 낙태를 불법화하는 헌법 개정을 거부하자 그것이 정치적으로 보수적인 복음주의자들에게 용서할 수 없는 죄로 여겨졌다. 그해의 공화당 대통령 후보 로널드 레이건이 1967년 캘리포니아주 주지사 시절에 미국에서 가장 진보적인 낙태법에 서명했다는 사실에 대해서는 전혀 문제 삼지 않고서 말이다.[10]

Elect, Helped Found the Religious Right, and Lived to Take All (or Almost All) of It Back (New York: Carroll & Graf, 2007), 293; Frank Schaeffer, 나와의 인터뷰, April 8, 2019. "낙태를 완전한 비극"이라고 여기는 Frank Schaeffer는 "복음주의자들은 (적어도 그 단어의 현재 의미에서는) **로 대 웨이드** 판결 후에 그리고 내 부친과 Koop와 내가 낙태 문제에 관해 그들을 선동한 후에 비로소 정치화되었다"라고 쓴다. Schaeffer, *Crazy for God*, 345.

10 낙태에 대한 카터의 입장에 관해서는 Randall Balmer, *Redeemer: The Life of Jimmy Carter* (New York: Basic Books, 2014), 96-98을 보라.

3부

그래서 어떻게 되었는가?

「뉴스위크」(*Newsweek*)가 1976년을 "복음주의자의 해"라고 이름 붙였지만, 그 선언이 4년 후에 나오는 것이 적절했을지도 모른다. 1980년 선거가 다가오자 한두 명이 아니라 세 명이나 되는 복음주의 그리스도인 후보들이 백악관을 차지하기 위해 경쟁했다. 현직 민주당 대통령 지미 카터는 4년 전에 대통령 선거에 출마했을 때 "거듭난" 그리스도인이라는 신망을 확립했다. 일리노이주 공화당 하원 의원인 존 B. 앤더슨(John B. Anderson)은 공화당 후보 지명을 두고 레이건과 겨뤘으며, 그 후 무소속으로 출마했다. 앤더슨은 오랫동안 일리노이주 록퍼드에 있는 제일 복음주의 자유 교회의 교인이었다. 표면상으로는 이혼 후 재혼했으며, 전에 복음주의자들에게 경건치 않은 것으로 알려진 곳인 헐리우드의 배우였던 레이건이 복음주의자로서의 신망이 가장 약했을지도 모른다. 그러나 텍사스주 댈러스 출신 텔레비전 전도자인 제임스 로빈슨(James Robison)이 레이건에게 그의 신앙에 관해 질문했을 때 레이건은 그 설교자에게 자신에게는 예수가 자기 어머니보다 더 실제적이라고 말했다.[1]

1980년 8월 22일, 공화당 대통령 후보 레이건은 댈러스의 실내 경기장 리유니언 어레나(Reunion Arena)에서 15,000-20,000명(추정치는 정확하지 않은 법이다)의 복음주의자를 앞에 두고 연단에 올랐다. 미리 조언을 받은 레이

---

1   James Robison, "Remembering Reagan," *James Robison: A Weekly Commentary*, June 8, 2004, http://archives.jamesrobison.net/columns/060804.htm. 나는 1975년 여름 John B. Anderson의 공화당 하원 당원 대회에서 의회 인턴으로 일한 적이 있음을 공개한다. Anderson은 그 당원 대회의 의장이었다. 그는 또한 내가 학부 과정을 공부한 곳인 일리노이주 디어필드 소재 트리니티 칼리지의 재단 이사회 이사 중 한 명이었다.

건은 준비된 대사를 완벽하게 전달했다. "나는 이 모임이 초당파적 모임이고 따라서 여러분이 나를 지지할 수 없음을 압니다." 그는 극적인 효과를 위해 잠시 멈췄다가 말했다. "그러나 내가 그 문제를 언급한 이유는 내가 여러분과 여러분이 하는 일을 지지한다는 것을 여러분이 알기를 원하기 때문입니다." 그 대사는 만장의 갈채를 받았으며, 그것이 복음주의자들이 레이건에게 투표하도록 쐐기를 박았다고 할 수 있을 것이다.[2]

그 후보는 나아가 자기가 창조론을 지지한다고 선언하고, 자신이 외딴 섬에 고립된다면 옆에 두고 싶은 한 권의 책은 바로 성경이라고 말했다. 레이건은 인종을 차별하는 학교들의 면세를 폐지하려는 시도에 대한 복음주의 지도자들의 분노를 반영하여 "독립적인 학교들에 적대적

---

2 보도 자료[Roundtable, National Affairs Briefing, Dallas, Texas에 대한 Reagan의 연설 텍스트], August 22, 1980, 폴더 "Tour Files—Dallas, Texas—8/21-22/1980," Box 144, Reagan, Ronald: 1980 Campaign Papers, 1965-80, Edwin Meese Files, Ronald Reagan Library.

인" 국세청에 의해 인도된 "위헌적인 규제 의제"를 맹렬히 비난했다. 복음주의자들로 가득 찬 공간에서 행해진 그의 연설은 낙태에 관해서는 전혀 언급하지 않았다.[3]

폴 웨이리치는 공개적으로는 매우 기뻤다. 그는 훗날 "우리는 그에게 10분 동안 기립 박수를 보냈다"라고 회상했다. "나는 그런 것을 본 적이 없다. 그때쯤에는 모든 운동이 눈덩이처럼 불어나고 있었다." 그러나 인종 차별 방어로부터 다른 주제로 방향을 돌리기 위해 열심히 노력해 온 웨이리치는 개인적으로는 레이건의 말에 기분이 좋지 않았다고 보수적인 제휴자들에게 털어놓았다. 그는 레이건 후보가 그 모임에 오는 것을 거의 취소할 뻔했다고 지적했다. 웨이리치는 "참모들이 레이건이 소위 기독교 우파와 너무 가깝게 동일시할 경우 역풍이 불지 않을까 우려했다"라고 말했다. 그 행사 3일 후에 쓴 글에서 웨이리치는 "레이건의 참모들은 청중에게 감정적으로 호소하기

---

3   보도 자료, August 22, 1980, Reagan Library.

에 충분하지만 낙태, 평등권 수정 헌법, 동성애자의 권리, 학교에서의 기도 문제를 주의 깊게 회피한 연설문을 작성했는데, 그 문제들 각각은 그 모임에 참석한 복음주의자/근본주의자에게 기본적인 이슈였다"라고 불평했다.[4]

카터는 단순히 종교적 우파의 반대뿐만이 아니라 여러 이유로 1980년 선거에서 패했다. 그는 자기가 소속한 정당 내부로부터의 강한 도전에 직면했다. 에드워드 M. 케네디(Edward M. Kennedy)가 민주당 후보가 되지 못하자 진보주의자들 사이에서 카터에 대한 지지가 약해졌다. 그리고 미국인이 이란에서 인질로 억류된 지 1년이 되는 날에 선거가 치러졌기 때문에 언론이 그 사건을 소재 삼아 카터가 인질의 자유를 확보하지 못한 것을 강조했다. 한때 카터의 복음주의적 성실성에 매료되었던 유권자들은 경

4 Weyrich, Katherine Stewart, *The Power Worshippers: Inside the Dangerous Rise of Religious Nationalism* (New York: Bloomsbury, 2020), 102에 인용된 말; Paul Weyrich, "Reagan Edgy with Evangelicals," August 25, 1980, Editorials — Curmudgeon Column, 1980, Box 17, Paul M. Weyrich Papers, American Heritage Center, University of Wyoming.

기 부진, 고질적인 에너지 부족, 소련의 새로운 제국적 야
망에 신물이 났다.

선거 결과가 나온 후 공치사를 부끄러워하지 않는 폴
웰은 종교적 우파의 간계가 아니었더라면 카터가 1퍼센
트 포인트 차이로 선거에서 승리했을 것이라고 주장한 해
리스 여론 조사를 인용하기를 좋아했다. 폴웰은 "나는 우
리가 전국적인 선거에서 어느 정도 영향을 주리라는 것을
알았다"라고 말했다. "하지만 나는 그 영향이 이렇게 클
줄은 결코 몰랐다."[5]

카터의 정치적 골칫거리들에 비추어 볼 때 복음주의
자들의 이반이 결정적이었을 수도 있고 그렇지 않았을 수
도 있다. 그러나 4년 전에 카터를 백악관으로 보내는 데
도움을 주었던 복음주의자들이 그의 대통령 재임 기간에
자기들의 동료 복음주의자인 카터에게서 극적으로 돌아

---

5   Cal Thomas and Ed Dobson, *Blinded by Might: Can the Religious Right
     Save America?* (Grand Rapids: Zondervan, 1999), 16.

섰다는 것은 엄연한 사실이다. 그리고 그들의 정치적 행동주의의 기폭제는 흔히 주장되는 낙태에 대한 반대가 아니었다. 낙태가 1980년 선거운동 말기에 표어의 하나로 출현하기 시작했지만, 종교적 우파의 진정한 뿌리는 태아의 보호가 아니라 인종 분리의 보호다.

9장

낙태 신화가 왜 문제가 되는가?

1980년 11월 로널드 레이건이 선출된 뒤 종교적 우파는
열심히 자기들의 이해관계를 통합했다. 1980년 공화당
강령은 "카터 행정부의 국세청장에 의해 시작된 독립적
인 학교들에 대한 위헌적인 규제상의 보복을 중단"하기로
서약했으며, 종교적 우파는 복음주의 학교들을 국세청으
로부터 보호하려고 했다. 레이건은 도덕적 다수파(Moral
Majority)의 창립자 중 한 명인 로버트 빌링스를 교육부의
여러 지역 교육국 중 한 곳의 국장으로 임명했다. 빌링스
는 자신의 지위를 이용하여 인종 분리 정책을 취하는 학

교들의 면세를 폐지하려는 국세청의 시도를 막았다.[1]

낙태와 관련해서는 복음주의 지도자들이 대통령 당선인에게 "인류에게 무슨 일이 일어났는가?"의 공동 발표자 C. 에버레트 쿠프를 공중위생국장으로 임명하도록 압력을 행사했고, 레이건은 이에 동의했다. 레이건의 첫 번째 임기가 끝날 때쯤에는 많은 일반 대중 복음주의자가 낙태 반대 운동을 완전히 받아들였다. 혹자는 공공연하게 자기가 한 가지 이슈만 보고 투표하는 사람이라고

---

1 Lou Cannon, *President Reagan: The Role of a Lifetime* (New York: Simon & Schuster, 1991), 459; Glenn H. Utter and John Woodrow Storey, *The Religious Right: A Reference Handbook*, 2nd ed. (Santa Barbara, CA: ABCCLIO, 2001), s.v. "Robert J. Billings." 모든 복음주의 학교가 인종 분리 정책을 취한 것은 결코 아니었다. 어떤 정부 관리가 오럴 로버츠 대학교의 인종 정책에 관해 Oral Roberts에게 질문했을 때 Roberts는 "우리가 연방 자금을 받든 받지 않든 간에 우리는 국제적이고, 초교파적이며, 인종 통합적일 것입니다"라고 답변했다. Oral Roberts, "God Doesn't Look at Skin Color" (chapel address at Oral Roberts University, September 26, 1989, Chapel Audio & Transcripts, Oral Roberts University Collection). 부분적으로 체로키족 혈통인 Roberts는 1956년에 "내 사역은 모든 교회와 모든 인종의 모든 사람을 위한 것이다"라고 선언했다. Daniel D. Isgrigg, "Healing for All Races: Oral Roberts' Legacy of Racial Reconciliation in a Divided City," *Spiritus: ORU Journal of Theology* 4 (2019): 233.

선언했다.

그렇다면 그들의 정치적 운동인 종교적 우파가 (알기 쉽게 말하자면) 복음주의 학교들에서의 인종 분리 방어에서 나왔다는 사실에 어떤 의미가 있는가? 표면상으로는 그것이 전혀 중요하지 않은 것처럼 보인다. 나는 복음주의자들이 낙태 문제에 관심을 기울이게 한 사람들의 동기를 의심하지만, 낙태에 반대하는 복음주의자들의 진심을 의심할 이유는 없다. 혹자는 이 대의에 그들의 평생을 바쳐 왔다.

나는 공론화되지 않고 다뤄지지 않은 인종차별주의는 곪는 경향이 있기 때문에 문제가 된다고 믿는다. 흑인 단속법들(Black codes)과 짐 크로 법들(Jim Crow laws)은 계속되는 허구인 "목련 신화"에서 나왔는데 그 신화는 흑인이 열등하다고 믿는다. 존 미첨(Jon Meacham)은 1866년에 출판된 『잃어버린 원인: 남부 연합의 신 남부 전쟁사』(*The Lost Cause: A New Southern History of the War of the Confederates*)가 미덕이 있고 노예를 소유하는 남부의 신화를 만들어냈으며, 백인의 우월성을 "전쟁의 진정한 원인"이자 "남부의 참된 희망"으로 신성시했다고 지적했다. 일터에서의 기회 결여, 잘못 인도되고 인종적으로 편향된 정부 정책, 의도적인 인종 차별 공동체 구축, 지정된 지역에서 아프리카계 미국인에게 부동산 매도나 부동산 담보 대출을 거절하는 특정 경계 지구 지정(redlining) 관행 때문에 북부의 도시들에서 슬럼가들이 속출했다. 고정 관념과 인종 프로필 분석의 결여로 말미암아 유색 인종에게 불리한 잔인한 정책이 지속된다.[2]

나는 복음주의자들이 인종을 차별한다는 비난에 대해 종종 그들을 방어해왔지만, 2016년 대통령 선거 결과

---

2 Jon Meacham, "The South's Fight for White Supremacy," *New York Times*, August 23, 2020. 아프리카계 미국인에게 불이익을 준 정부 정책들에 관해서는 Richard Rothstein, *The Color of Law: A Forgotten History of How Our Government Segregated America*(New York: Norton, 2017)를 보라. 백인 우월성의 기초가 되는 신화가 계속되는 것에 관해서는 Richard T. Hughes, *Myths America Lives By: White Supremacy and the Stories That Give Us Meaning*(Chicago and Urbana: University of Illinois Press, 2018)을 보라.

백인 복음주의자들의 81퍼센트가 도널드 트럼프(Donald Trump)를 지지하자 종교적 우파의 역사를 재고하고 새로운 빛에 비추어 보게 되었다. 나는 한때 그 운동의 핵심에서 "가족의 가치"에 대한 헌신과 낙태에 대한 반대가 참으로 인종차별주의를 대체했다고 믿었지만, 지금은 다르게 생각한다.

1980년 대통령 선거 당시로 돌아가 보자. 그때 복음주의자들은 자기들의 동료 복음주의자 중 한 명인 주일학교 교사이자 "거듭난" 그리스도인—조지 월리스(George Wallace)를 물리치고 자기가 소속한 정당을 최종적으로 그리고 단호하게 인종 차별에 반대하는 정당으로 바꾼 남부의 백인—을 거부하고, 이혼한 후 재혼한 전 캘리포니아 주지사를 선택했다. 레이건은 종교적 우파의 지도자들에게 포용된 최초의 정치인인데, 그들은 레이건을 수호성인과 비슷한 존재로 승격시켰다. 로널드 레이건에게 종교적 우파의 인종차별주의를 예시하는 뭔가가 있는가?[3]

매카시 시대 때 FBI의 정보 제공자였던 레이건은 1964년에 거주용 부동산의 임대와 매도에서의 인종 차별을 제거하려고 한 럼퍼드 공정 주거법(Rumford Fair Housing Act) 폐지를 지지하기 위해 캘리포니아주 정치에 뛰어들었다. 연방 정치 차원에서 보자면 레이건은 1964년 민권법과 1965년 투표권법 모두에 반대했는데, 이는 그의 [차별받던 계층에 대한] 적극적 우대 조치(affirmative action)에 대한 반대를 예견한 입장이다. 그는 적극적 우대 조치를 "역차별"이라고 규정했다. 1966년에 그가 주지사 선거 준비를 할 때 아프리카계 미국인 신문 「로스앤젤레스 센티널」(*Los Angeles Sentinel*)은 자기가 인종차별주의자가 아니라는 그 후보의 이의 제기에도 불구하고 "미스터 레이건이 급속하게 인종차별주의에 대한 미국의 뛰어난 대변인 역

---

3   Carter가 민주당의 인종차별주의 유산을 극복한 것에 관해서는 Jonathan Alter, *His Very Best: Jimmy Carter, A Life* (New York: Simon & Schuster, 2020), 237을 보라.

할을 맡고 있다"라고 보도했다. 그 신문은 계속해서 "그의 행동만을 통해 판단하고 자화자찬하는 그의 말은, 에누리하면 미스터 레이건은 앨라배마주의 조지 월리스 주지사와 구별될 수 없다"라고 보도했다.[4]

레이건의 1966년 주지사 선거운동(과 이후의 다른 선거운동들)은 "법과 질서"라는 표어를 자유롭게 사용했는데 이 어구에는 "국가의 권리"라는 어구와 마찬가지로 인종차별적인 함의가 있으며, 그 어구는 일반적으로 흑인들을 그들의 자리에 묶어두려는 암호 언어로 여겨진다. 민주당의 캘리포니아주 의원 로버트 L. 코트(Robert L. Coate)가 말한 바와 같이 "레이건은 인종 차별을 언급할 때 때 명시적으로 설명하지 않아도 인종차별주의자들이 레이건이 한 말을 정확히 이해할 수 있는 방식으로 말한다." 리처드 닉슨이 녹음한 1971년 대화에서 레이건은 "아프리카 국

---

4   Daniel S. Lucks, *Reconsidering Reagan: Racism, Republicans, and the Road to Trump* (Boston: Beacon, 2020), 72-73.

가들에서 온 이 빌어먹을 원숭이들은 여전히 신발을 신는 것을 불편해한다"라고 말했다.[5]

인종차별적인 표현은 레이건의 1980년 대통령 선거 운동으로 이어졌다. 그해 1월에 레이건은 밥 존스 대학교에서 6,000명이 넘는, 환호하는 군중에게 연설했다. 그는 국세청을 맹렬하게 비난하고 그 학교를 "위대한 학교"라고 추켜세웠다. 박수갈채에 의해 열네 번이나 연설이 중단되었는데, 그중 세 번은 기립 박수였다.[6]

1980년 8월 3일, 공화당 대통령 후보로 지명된 레이건은 16년 전 쿠 클럭스 클랜(Ku Klux Klan) 단원들이 보안관과 공모해서 시민권 운동가 세 명을 납치·폭행·살해한 곳인 미시시피주 필라델피아에서 대통령 선거운동을 시

---

5 Reagan, Lucks, *Reconsidering Reagan*, 86에 인용된 말; Tim Naftali, "Ronald Reagan's Long-Hidden Racist Conversation with Richard Nixon," *Atlantic*, July 30, 2019.

6 Joseph Crespino, "Civil Rights and the Religious Right," in *Rightward Bound: Making America Conservative in the 1970s*, ed. Bruce J. Schulman and Julian E. Zelizer (Cambridge, MA: Harvard University Press, 2008), 104.

작했다. 상징주의의 대가인 레이건이 자신의 선거운동이 모종의 형태의 인종 차별에 호소하리라는 의심을 가라앉히기 위해 소름 끼치는 배경을 사용할 수도 있었을 것이다. 대신 그는 20,000명의 백인 앞에서―그들 중 많은 사람이 남부 연합의 기를 흔들며 "우리는 레이건을 원한다"라고 외쳐댔다―조지 C. 월리스와 수없이 많은 다른 분리주의자의 반항적인 슬로건인 "나는 국가의 권리를 믿습니다"를 소환했다.[7]

인종 분리 정책을 시행하는 로디지아공화국과 남아프리카공화국을 공개적으로 지지한 레이건은 선거운동

---

7   Douglas E. Kneeland, "Reagan Campaigns at Mississippi Fair," *New York Times*, August 4, 1980; Lucks, *Reconsidering Reagan*, 145. Reagan-Bush 선거운동 본부는 KKK단에 대한 지원을 거절했지만, Reagan이 필라델피아에서 선거운동을 한 지 한 달 후에 그의 선거운동 본부는 앨라배마주 투스쿰비아의 KKK 기사단 대마법사로부터 Reagan이 "백인이 아닌 사람들에 대한 차별"과 일련의 이슈들에 대한 지원을 계속한다면 그가 "모든 미국인 대다수뿐만 아니라 우리 단원들의 지원을 받을 것"이라고 약속하는 전보를 받았다. Mailgram, Don Black, September 3, 1980, folder "Ku Klux Klan," Box 132, Reagan, Ronald: 1980 Campaign Papers, 1965-80, Edwin Meese files, Ronald Reagan Library.

기간에 그가 "복지 여왕"이라고 묘사한 표현 등 인종차별적인 완곡어를 사용했다. 복지 여왕은 공적 부조 프로그램을 속여 부를 삼켰다고 알려진 신화적인 유색 인종을 가리키는 말이다. 이 대목에서 나의 목적은 레이건이 인종차별주의자였는지를 판단하는 것이 아니다. 나는 그의 말들과 행동들이 스스로 말하게 할 것이다. 여기서 내가 말하려는 요점은 레이건 본인이나 레이건-부시 선거운동을 이끈 누군가가 인종을 차별하도록 암호화된 언어와 몸짓들이 아마도 새롭게 결성된 종교적 우파 유권자들을 포함하여 유권자들에게 호소력이 있으리라고 계산했다는 것이다.

레이건은 대통령이 되자 1957년 민권법을 통해 창설된 독립적이고 초당파적인 감시 기구인 민권 위원회(Civil Rights Commission)를 체계적으로 약화시켰다. 노터데임 대학교 총장이자 그 위원회의 창립 위원인, 존경받는 시어도어 헤스버그(Theodore Hesburgh)는 그 위원회를 "시민권 문제에 있어 미국의 양심"이라고 불렀다. 하지만 레이건은 법적 모호성이라는 술책을 사용하여 위원회 위원들을 해고하고 여성의 권리와 시민의 권리에 대한 인식이 별로 없는 사람들로 대체했는데, 그들 중 한 명은 민권 위원회 자체의 해체를 요구했다. 레이건 행정부의 술책 때문에 메릴랜드주의 아프리카계 다선 하원 의원 파렌 J. 미첼(Parren J. Mitchell)은 레이건이 "그 위원회에 정치적 강간을 시도하고 있다"라고 비난했다.[8]

종교적 우파의 화신인 레이건은 제쳐두고, 나는 종교적 우파의 지도자들 자체를 살펴보는 것도 적절하다고 생각한다. 훗날 그 일에 관해 후회하기는 했지만 제리 폴웰은 공립학교의 인종 분리 철폐를 의무화한 획기적인 **브라운 대 교육위원회**(*Brown v. Board of Education*) 판결을 비난했다. 폴웰은 "나는 워런(Warren) 대법원장과 그의 조수들이 하나님의 말씀을 알고 주님의 뜻을 행하기를 원했더라면, 결코 1954년 판결이 내려지지 않았을 것이라고 확신

---

8   Lucks, *Reconsidering Reagan*, 179-83.

합니다"라고 설교했다. "기관들은 분리되어야 합니다. 하나님이 구분하는 선을 그으시면 우리는 그 선을 넘으려고 하지 말아야 합니다." 폴웰은 "인종을 통합하면 궁극적으로 우리 인종이 파괴될 것입니다"라고 경고했다. 폴웰은 1964년 민권법(Civil Rights Act)을 "시민 오류"(civil wrongs)라고 불렀으며("right"에 "권리"와 "옳은"이라는 뜻이 있음을 상기하라—역자 주), 버지니아주가 마침내 그 주의 공립학교들의 인종 분리 철폐를 의무화한 1967년에 폴웰은 자신의 인종 분리 학교인 린치버그 기독교 학교를 설립했다. 「린치버그 뉴스」(*Lynchburg News*)는 그 학교를 "백인 학생들을 위한 사립학교"라고 묘사했다. 지역의 어느 사역자가 흑인들의 입학이 허용되는지 물었을 때, 폴웰은 허용되지 않는다고 말했다.[9]

9　Falwell, Max Blumenthal, "Agent of Intolerance," *Nation*, May 29, 2007에 인용된 말; Falwell, Lucks, *Reconsidering Reagan*, 140에 인용된 말; William R. Goodman Jr. and James J. H. Price, *Jerry Falwell: An Unauthorized Biography* (Lynchburg, VA: Paris & Assoc., 1981), 118. Francis A. Schaeffer의 아들인 Frank Schaeffer는 Falwell을 "새로운 상

폴웰의 가장 유명한 설교인 "사역자들과 행진들에 관하여"(Of Ministers and Marches)는 1965년 3월 21일 일요일 저녁에 토머스로드 침례교회의 설교단에서 행해졌다. 피의 일요일(Bloody Sunday)로 알려지게 된 2주 전에 민권 운동 시위자들이 인종 차별과 인근의 메리언(Marion)에서 지미 리 잭슨(Jimmie Lee Jackson)의 사망에 이르게 한 경찰의 잔인성에 대해 항의하기 위해 쎌마에서 몽고메리까지 행진하는 과정에서 에드먼드 페터스 다리를 건넌 후 앨라배마주 경찰과 대치했다. 2주 후 일요일에 법원의 명령이라는 보호 아래 몽고메리까지 가는 행진이 재개되었고, 이일로 말미암아 폴웰은 그날 저녁에 마틴 루터 킹 주니어(Martin Luther King Jr.)를 체제를 전복하는 공산주의자라고 비난하고 "나처럼 성경을 믿는다면 나는 예수 그리스도의

황에 적응하지 못하는 광신자"라고 묘사했다. Frank Schaeffer, *Crazy for God: How I Grew Up as One of the Elect, Helped Found the Religious Right, and Lived to Take All (or Almost All) of It Back* (New York: Carroll & Graf, 2007), 315.

구원하시는 순수한 복음을 설교하기를 멈추고―싸움을 일삼는 공산주의나 시민권 개혁 운동 참가를 포함하여― 다른 일을 시작하는 것이 불가능하다고 생각합니다"라고 주장했다.[10]

종교적 우파의 다른 초기 지도자들도 흑인 지도자 들과 민권 운동에 대해 유사한 의심을 공유했다. 예를 들 어 밥 존스 대학교 졸업생이자 훗날 도덕적 다수파(Moral Majority)의 창립 회원 중 한 사람이 된 팀 라헤이(Tim LaHaye)는 루터 킹이 암살된 직후 캠퍼스에서 그를 기념하 는 행사를 허용했다는 이유로 휘튼 칼리지 학장을 비난하 는 편지를 썼다. 라헤이는 그 민권 운동 지도자를 "노골적

---

10 Jerry Falwell, "Ministers and Marches," in Matthew Avery Sutton, *Jerry Falwell and the Religious Right: A Brief History with Documents* (New York: St. Martin's, 2012), 59, 60; Falwell, Blumenthal, "Agent of Intolerance"에 인용된 말. Blumenthal은 Falwell이 그 설교를 한 연도를 잘못 표시했지만, 설교 내용은 올바로 기록했다. "실제로 Falwell과 그 의 복음주의 동지들을 정치적 행동주의로 내몬 요인은―낙태나 그것 에 수반하는 소위 '가치의' 문제들이 아니라―인종의 문제였다."

인 진보 이단 신학자"라고 규정했다.[11]

웨이리치 본인이 종교적 우파에 아프리카계 미국인과 유색 인종이 없음을 인정했다. 그는 1980년 「뉴욕타임스」에 "나는 우리가 소수파를 대상으로 일을 한다고 여러분에게 거짓말하지 않을 것입니다"라고 말했다. "이것은 소수파의 운동이 아닙니다."[12]

몇몇 주목할 만한 예외를 제외하고 종교적 우파 지도자들은 그 운동이 출현한 이후 수십 년 동안 그들의 언어와 태도를 조절하는 방법을 배웠다. 폴웰 본인 같은 몇몇 사람은 자기들의 인종차별적 견해와 진술들에 대해 사과했다.

그러나 모든 사람이 그렇게 한 것은 아니다. 폴웰이 설립한 리버티 대학교 졸업생인 토니 퍼킨스(Tony Perkins)

---

11 LaHaye가 Hudson T. Armerding[휘튼 칼리지 학장]에게 쓴 편지, May 23, 1968, Wheaton College Archives and Special Collections.

12 Weyrich, Dudley Clendinen, "Rev. Falwell Inspires Evangelical Vote," *New York Times*, August 20, 1980, B22에 인용된 말.

는 1996년, 자신의 정치적 멘토인 우디 젠킨스(Woody Jenkins)의 상원 선거운동을 하면서 쿠 클럭스 클랜의 대마법사 데이비드 듀크(David Duke)가 소유한 회사로부터 직통 전화 서비스를 구매하기 위해 82,500달러를 지불했다. 2001년 5월 17일, 직접 상원에 출마한 퍼킨스는 비공식적으로 "주택 지구 클랜"(uptown Klan)으로 알려진 백인 시민 위원회(White Citizens' Council)를 계승한 백인 우월주의자 단체인 보수 시민 위원회(Council of Conservative Citizens)의 루이지애나 지부에서 연설했다. 보수 시민 위원회는 아프리카계 미국인을 "인류의 퇴화한 종"이라고 묘사하며, 퍼킨스가 군중 앞에서 연설한 해인 2001년에 그 단체의 웹사이트는 "하나님이 인종차별주의를 만드신 분"이며 "인종 혼합은 하나님께 대한 반역"이라고 단언했다. 나는 2001년 5월 17일에 퍼킨스가 한 말의 기록을 찾지 못했지만, 한 지방 신문이 당시 주 의원이던 퍼킨스가 루이지애나주 주도인 배턴루지 소재 보나노 레스토랑의 독서대에 서 있는 사진을 실었다. 퍼킨스는 활짝 웃고 있었고 그의 바로 뒤에는 남부 연합의 기가 걸려 있었다. 그 사진의 설명문에 따르면 퍼킨스는 보수 시민 위원회 루이지애나 지부 간부들에 둘러싸여 있었다. 퍼킨스는 루이지애나주의 2000년 공화당 예비선거에서 4위를 기록했다. 그는 이듬해에 유명한 종교적 우파 기관 중 하나인 제임스 돕슨(James Dobson)의 가정연구위원회(Family Research Council) 위원장으로 임명되었다.[13]

악명 높은 "십계명 법관" 로이 S. 무어(Roy S. Moore)는 법원의 명령에 따르지 않아 앨라배마주 대법원에서 물러난 뒤 자신의 종교적 우파 단체인 도덕법 재단(Foundation for Moral Law)을 설립했다. 2009년과 2010년에 무어의 단체는 친 남부 연합 앨라배마 "승계일" 행사를 후원했다.

---

13 Max Blumenthal, "Justice Sunday Preachers," *Nation*, April 26, 2005; Randall Balmer, "The Other Louisianan with a Tawdry History of Speaking to Racist Groups," History News Network, January 14, 2015, http://ww.hnn.us/article/158175; "a retrograde species of humanity" Heidi Beirich and Kevin Hicks, "White Nationalism in America," in *Hate Crimes*, ed. Barbara Perry et al., 5 vols. (Westport, CT: Praeger, 2009), 1:110에 인용된 말.

자신이 침례교 신자라고 주장하는 무어는 이전의 노예들에게 동일한 보호를 보장한 수정 헌법 제14조를 제거할 것을 요구했다. 2017년 무어는 특별 선거에서 공화당 지명자로서 상원 선거에 나섰다. 어느 선거운동 행사에서 한 아프리카계 미국인이 무어에게 미국이 언제 마지막으로 위대했는지 묻자, 그는 "나는 가족들이 단합했을 때—비록 우리에게 노예제도가 있었지만—미국이 위대했다고 생각합니다. 그들은 서로를 돌봤습니다"라고 대답했다.[14]

도널드 트럼프보다 인종차별적으로 암호화된 언어를 능숙하게 구사하는 사람은 없다. 그는 2016년과 2020년에 백인 복음주의자의 압도적 다수의 투표를 수확했다. 선전의 대가이기도 한 트럼프는 버락 오바마(Barack Obama)

---

14 Michelle Goldberg, "The White Supremacy Caucus," *New York Times*, December 11, 2017. 나는 Moore와 그의 십계명 장난질에 관해 방대한 글을 썼다. 다음 문헌들을 보라. Randall Balmer, *Thy Kingdom Come: How the Religious Right Distorts the Faith and Threatens America* (New York: Basic Books, 2006), 2장; Balmer, "I Know Roy Moore. He's Always Been a Con Artist," *Washington Post*, November 19, 2017.

가 미국에서 태어난 것이 아니라 케냐에서 태어났으며, 따라서 헌법상으로 미국의 대통령 자격이 없다는 악의적인 허위 주장인 소위 출생지를 물고 늘어지는 음모를 통해 대중의 주의를 끌었다.

이 대목에서—멕시코 이민자들을 "강간범"과 "범죄자"라고 부르는 것부터 라틴 아메리카 출신 망명자에 대한 처우까지—트럼프의 인종차별적 진술들과 행동들을 모두 열거할 필요는 없다. 공화당의 컨설턴트인 스튜어트 스티븐스(Stuart Stevens)는 "트럼프는 공개적으로 인종적 불만을 이용했다"라고 말했다. "그것은 무슬림, 히스패닉계, 흑인들에 대한 증오와 두려움이었다." 스티븐스는 2016년 선거를 "앤드루 존슨(Andrew Johnson) 이후 대통령이 실행한 가장 인종차별적인 선거운동"이라고 규정했다. 왜 백인 복음주의자의 81퍼센트가 2016년에 트럼프에게 투표했고, 78퍼센트가 2020년에 그에게 투표했는지가 진정한 질문이다. 그리고 복음주의 지도자들은 왜 트럼프의 인종차별주의를 정죄하지 않았는가?[15]

종교적 우파의 지도자들은 수십 년 동안 우리에게 자기들의 운동은 "가족의 가치"에 헌신하는 운동이라고 역설해 왔는데, 이는 세 번 결혼했고 이전에 카지노를 운영했으며 스스로 포르노 스타와 놀아난 성 약탈자라고 고백한 사람을 지지하는 것과 조화될 수 없는 진술이다. 2016년 선거가 종교적 우파에게 가족의 가치 수용이 그들의 운동의 핵심에 놓여 있는 채 가장하기를 중단할 수 있게 해 주었으며, 도널드 트럼프에 대한 지지가 종교적 우파 형성 배후의 설립 원칙을 완전히 드러내게 해 준 것인가?

종교적 우파가 도널드 트럼프를 포용한 데는 일종의 비극적인 연속성이 있다. 1970년대 말 인종 분리를 방어하기 위해 시작된 운동이 백인 우월주의자들 중 "몇몇 좋

---

15 Stevens, S. V. Date, "Republicans Jostling for 2024 Presidential Bids Could Face Yet Another Donald Trump," *HuffPost*, August 24, 2020, https://www.huff post.com/entry/trump-jr-dynasty_ n_5f3ef43ac5b697824f965a31에 인용된 말.

은 사람"을 인식한 저속한 선동가와 제휴했는데, 그는 쿠 클럭스 클랜의 대표자를 비난하는 것에 관해 얼버무렸고 백인 우월주의 폭력분자 집단에게 2020년 선거에 앞서 "대기"하라고 권고했다. 인종차별주의가 미국의 원죄인 데, 정치적으로 보수적인 복음주의자들은 그들의 대변자 를 계속 지지함으로써 그 원죄로부터 구속받기를 싫어했 다.

슬프게도 종교적 우파는 결코 성경적 가치들을 진 척시키기에 관한 것이 아니었다. 오늘날 우리가 보고 있 는 현대의 정치적으로 보수적인 복음주의 행동주의는 인 종 분리의 영속화에 뿌리를 둔 운동인데, 그 운동이 1970 년대 말에 시작된 보수적 운동이 극우 변두리와 제휴하여 복음주의 자체의 가장 좋은 전통들과 일치하지 않는 돌연 변이 형태를 낳았다.[16]

---

16   Randall Balmer, "Under Trump, Evangelicals Show Their True Racist Colors," *Los Angeles Times*, August 23, 2017.

정치적으로 보수적인 복음주의자들은 소외된 사람들을 돌봄으로써 세상을 좀 더 나은 곳으로 만들려고 했던 선조들의 개혁에 대한 열정을 되찾는 대신, 명백히 복음주의 전통의 바깥에 위치한 사람, 복음주의 사회개혁의 오래되고 고귀한 전통을 잘 알지 못하거나 경멸하는 사람과 동맹을 맺었다. 이 묘사는 정치적 우파의 지도자들에게도 적용된다. 그들이 자기들의 전통을 잘 알지 못했다면 그들은 가치 있는 선배들의 모범을 통해 인도받을 기회를 놓친 것이다. 그들이 지지한 정치인들과 정책들에 비춰볼 때, 종교적 우파 지도자들이 그 전통을 경멸했을 가능성이 좀 더 높다. 아무튼 그렇게 함으로써 예언적인 목소리를 상실한 그 운동의 지도자들과 종교적 우파 자체는 정치적 이해 집단으로 전락하게 되었다.

그렇다고 해서 모든 복음주의자가 인종차별주의자인 것은 아니다. 전혀 그렇지 않다. 나는 종교적 우파 지도자들이 그 운동의 기원을 매우 성공적으로 혼란에 빠뜨린 나머지 복음주의자인 유권자 대다수가 그들의 정치적 행동주의의 기폭제가 인종 분리 방어였음을 모르고 있다고 확신한다. 나는 심지어 압도적이고 결정적인 반증에도 불구하고 그 운동의 조직자들 가운데 일부는 낙태 신화를 믿게 되었을 가능성을 무시하지도 않는다. 제리 폴웰은 사망하기 직전에 한 인터뷰에서 자신의 수정주의 역사를 제시했다. "우리는 **로 대 웨이드** 판결과 그 이전에 하나님이 공적 영역에서 축출된 상황에 의해 이 과정으로 내몰렸습니다." 낙태 신화의 장점은 그것이 좀 더 추한 진실을 감춘다는 점이다.[17]

그리고 바로 그것이 요점이다. 종교적 우파 지도자들이 낙태에 대한 반대나 (솔직하지 못하게) 종교의 자유 같은 고상한 이슈들을 내세워 결집함으로써 자기들의 운동을 치장할 수야 있겠지만, 그런다고 해서 1970년대에 그 운동의 설립자들이 복음주의 학교들의 인종 배제를 영속화하기 위해 조직화했다는 불편한 진실이 바뀌지 않는다. 어

---

17   Falwell, Blumenthal, "Agent of Intolerance"에 인용된 말.

떤 건물을 온갖 종류의 눈부신 구슬과 가는 줄 세공으로 장식할 수야 있겠지만, 그 건물의 토대를 이루는 목재들이 썩었다면 전체 구조에 흠이 있는 것이다.

비극적이게도, 내가 보기에 2016년 선거와 2020년 선거는 인종차별주의가 백인 복음주의 유권자 중 일부에게 어느 정도 계속 호소력이 있거나 적어도 인종차별주의가 그들을 질색하게 만들지 않는다는 것을 암시한다. 그리고 나는 그것이 종교적 우파의 핵심에 놓여 있는 인종차별주의를 다루지 않은 데 기인한다고 생각한다. 인지되지 않고 공론화되지 않은 인종차별주의는 곪는 경향이 있다. 성경 말씀과 에이브러햄 링컨(Abraham Lincoln)의 말로 표현하자면 "스스로 분쟁하는 집은 서지 못한다."[18]

인종차별주의의 망령이 때로는 예기치 않은 방식으로 나타난다. 2019년 2월, 제임스 돕슨을 포함한 자칭 "가족을 존중하는 지도자" 그룹이 공화당 하원 지도부에 편

---

18 마 12:25.

지를 보내 "우리는 다른 사람의 아이들로 우리의 문명을 회복할 수 없다"라는 발언 등 오랫동안 인종차별적이고 백인 우월주의적 발언을 해온 아이오와주 의원 스티브 킹(Steve King)을 옹호했다. 「뉴욕타임스」와의 인터뷰에서 킹은 "백인 민족주의자, 백인 우월주의자, 서구 문명이라는 언어가 어떻게 무례한 표현이 되었습니까?"라고 질문했다. 종교적 우파의 지도자들이 보낸 편지는 이민자들과 소수파들을 일상적으로 폄하한 킹을 "16년 동안 훌륭하고 성실하게 봉사한" "뛰어난 의원"이라고 불렀다. 킹의 동료이자 종교적 우파가 좋아하는 루이 고머트(Louie Gohmert) 텍사스주 의원은 하원에서 한 연설에서 킹을 옹호했다.[19]

---

19 John Wagner, "'Pro-family Leaders' Ask House GOP Leader to Reinstate Rep. King's Committee Memberships," *Washington Post*, February 12, 2019; Trip Gabriel, "A Timeline of Steve King's Racist Remarks and Divisive Actions," *New York Times*, January 15, 2019; Justin Miller, "Steve King Has a Friend in Texas Congressman Louie Gohmert," *Texas Observer*, January 18, 2019. Gohmert와 종교적 우파의 연계는 Balmer, *Thy Kingdom Come*, 37을 보라.

복음주의자들이 트럼프의 인종 차별 선동을 비난하지 않는 데서도 인종차별주의 또는 적어도 인종차별주의에 대한 관용이 드러난다. 트럼프가 미국이 왜 "똥구멍 국가들" 출신의 망명자들을 받아들여야 하느냐고 질문했을 때 텍사스주 댈러스에 있는 제일침례교회의 로버트 제프리스(Robert Jeffress) 목사는 "트럼프 대통령이 사용했다는 어휘는 제외하고, 그의 정서는 옳습니다"라고 반응했다. 도덕적 다수파(Moral Majority) 설립자의 아들인 제리 폴웰 주니어(Jerry Falwell Jr.)는 트럼프에 대해 "복음주의자들은 그들이 꿈꾸던 대통령을 찾았다"라고 말했다. 신앙과 자유 연합(Faith & Freedom Coalition) 회장인 랠프 리드(Ralph Reed)는 "모든 복음주의 그리스도인에게 트럼프 대통령이 우리가 필요로 하는 지도자임이 명백해야 한다"라고 선언했다. 오바마의 출생지에 관한 트럼프의 허위 주장을 선전한 프랭클린 그레이엄(Franklin Graham)은 자신은 하나님이 트럼프를 대통령 자리에 앉히셨다고 믿는다고 말하고, 트럼프를 "미국 역사상 가장 생명을 존중하는 대통령"이

라고 묘사했다.[20]

　낙태 신화가 퍼지는 동시에 복음주의가 공화당의 극우적인 요소와 동맹을 맺음에 따라 발생한 부수적인 피해 중 하나는 낙태 자체에 관한 논쟁이 진부해지고 딱딱해졌다는 점이다. 생생한 도덕적 대화여야 할 주제가 오래전에 이분법적이고 당파적인 표어 사용으로 바뀌었다. 대니얼 K. 윌리엄스(Daniel K. Williams)가 보여준 바와 같이 **로대 웨이드** 판결 이전의 "생명 존중" 운동은 다양했으며 민권 운동가와 인권 운동가뿐만 아니라 뉴딜 자유주의자들도 포함했다. 그 대의는 한때는 에드워드 M. 케네디, 조

20　Jeffress, Michael J. Mooney, "The Pastor and the President," *Texas Monthly*, August 2019에 인용된 말; Jerry Falwell Jr., Sarah Pulliam Bailey, "'Their Dream President': Trump Just Gave White Evangelicals a Big Boost," *Washington Post*, March 4, 2017에 인용된 말; Ralph Reed, "Trump Is Reviving America's Christian Heritage," *AllOnGeorgia*, January 7, 2020, https://allongeorgia.com/georgia-opinions/column-trump-is-reviving-americas-christian-heritage/; Elana Schor and Emily Swanson, "Poll: White Evangelicals Distinct on Abortion, LGBT Policy," Associated Press, January 2, 2020, https://apnews.com/8d3eb99934accc2ad795aca0183290a7.

지프 R. 바이든 주니어(Joseph R. Biden Jr.), 제시 잭슨(Jesse Jackson), (우리가 살펴보았듯이) 마크 O. 햇필드 같은 저명한 진보주의자들에게 포용되었다. 반면에 공화당에는 1970년대 내내 조지 H. W. 부시 등 "선택 존중" 정치인들이 있었다. 조지 W. H. 부시는 자신도 최근에 낙태 반대로 전향한 레이건이 1980년에 그를 부통령 후보로 지명한 뒤에야 입장을 바꿨다.[21]

나는 몇몇 초기 낙태 반대자들로부터 그 운동의 초기에 관해 들었는데, 그들은 향수에 잠겨 이야기했다. 그들은 당시에는 다양한 음성이 낙태에 반대하는 신중하고 세련된 주장들을 제공한, 흥미와 에너지가 넘치는 시기였다고 말한다. 그런데 무슨 일이 일어났는가? 부분적으로는 폴 웨이리치에 의해 인도된 보수주의자들이 낙태 반대 운동을 탈취해서 낙태를 불법화하는 입법을 요구했다(이는

---

21 Daniel K. Williams, *Defenders of the Unborn: The Pro-Life Movement before* Roe v. Wade (New York: Oxford University Press, 2016).

개인의 자유와 작은 정부를 지지한다고 공언하는 사람들에게는 받아들일 수 없는 이념이었다).

낙태 반대 운동이 우익의 정책과 관련을 맺게 되고 민주당은 여성의 권리와 출산의 자유를 강조하기 시작하자, 선택 존중 대 생명 존중 문제는 정당의 노선을 따라 정렬하기 시작해서 생명을 존중하는 민주당원은 희귀종이 되었고, 공화당 정치인 대다수는 자신이 낙태에 관해 어정쩡한 입장을 취할 경우 공직에 지명될 희망이 위험에 처한다는 것을 인식하게 되었다.

이 파당적 이분법의 논리적이고, 불행하며, 비극적이기까지 한 결과로 한 가지 이슈만을 토대로 투표하는 양상이 출현했다. (그 문제의 양쪽 편에서) 너무도 많은 시민이 전반적인 정책들과 플랫폼들을 평가하기보다는 오로지 낙태를 토대로 투표하기로 결정했다. 어떤 후보나 정당이 파괴적인 경제적 제안을 하거나, 인종이나 빈곤 또는 환경에 관해 형편없는 정책을 갖고 있을 수 있다. 하지만 그들이 낙태 이슈에서 "올바른" 쪽에 줄 서기만 한다면 지지를 보장받을 것이다. 2016년 선거의 경우 어떤 후보가 윤리적으로 흠이 있고, 인종차별주의자이며, 도덕적 나침반을 지니고 있다는 어떤 신호도 보여주지 않더라도 낙태에 관해 적절한 말을 늘어놓기만 하면 종교적 우파의 동맹을 확보했다. 그 말이 그 후보의 이전 입장과 모순되더라도 말이다.

낙태에 관한 입장만을 토대로 투표하는 행태가 백인 복음주의자들로 하여금 성경 자체는 말할 것도 없고 19세기 복음주의 개혁가들에게 혐오의 대상이었을 일련의 정책들에 가담하게 만들었다. 이민자들과 망명자들에게 무자비한 배제 정책이 어떻게 외인을 환영하고 외국인을 자기 민족 중 한 명 같이 대우하라는 성경의 명령과 일치하는가? 어떻게 환경 파괴와 기후 변화에 대한 무관심이 하나님의 창조에 영광을 돌리는가? 19세기에 복음주의자들의 특징적인 이슈 중 하나는 "보통 학교들"에 대한 지지였는데, 이는 그 학교들이 좀 더 불운한 계층의 자녀들에게 후원을 제공했기 때문이었다. (자신이 복음주의자라고 고백하는) 트럼프 행정부 교육부 장관은 성인 시절을 공공 교육을 파괴까지는 아니더라도 체계적으로 훼손하는 데 보냈다. 가난, 인종 문제상의 정의, 여성 평등, 의료 이용에 관한 복음주의자의 입장은 확실히 과부들과 고아들을 돌보고 배고픈 자를 먹이며 헐벗은 자에게 옷을 입히라는 예수의 명령이나 그리스도 안에서 유대인과 이방인, 노예와 자유인, 남성과 여성 사이의 차별이 없다는 바울의 선언과 조화를 이뤄야 한다.

내가 백인 복음주의자들에게 낙태에 대한 반대를 포기하라고 요청하는 것이 아니다(비록 나는 그러한 노력이 잘못 인도되었다고 믿지만 말이다). 그러나 낙태는 좀 더 넓은 맥락 안에서 고려되어야 하며, 치유에 이르는 길은 과거를 직면하고 그것을 솔직하게 다루는 데 놓여 있다. 내 경험으로 볼 때 회개는 영혼에 유익하다.

나는 복음주의자들이 일단 낙태 신화와 종교적 우파에 내장된 인종차별주의를 인정하게 되면 그들이 자기들의 정치적 의제의 다른 측면들, 즉 종교적 우파와 공화당 극우파의 융합을 통해 과도하게 좌우된 의제를 재조사할 수도 있으리라고 희망한다. 배고픈 자를 먹이고 외인을 환영하라는 예수의 명령을 새롭게 읽거나 19세기의 복음주의 사회개혁을 이해한다면 복음주의자들이 이민과 공공 교육에 관한 견해, 교도소 개혁과 여성의 권리에 대한 태도, 부자 감세에 대한 지지를 재고할지도 모른다. 결국 예수는 자신의 추종자들에게 "이들 중 가장 작은 자"를 돌보라고 명령하셨는데, 이 말씀을 진지하게 받아들인다면 복음주의자들의 정치적 에너지의 방향을 재설정하고, 한 가지 이슈를 토대로 투표하는 행태를 재고하고 정치적 이슈들을 좀 더 넓고 종합적으로 평가하게 될지도 모른다. 그런 재고는 또한 흑인 복음주의자들 및 다른 유색 인종 복음주의자들과의 화해를 위한 문을 제공할지도 모른다.

회개는 영혼에 유익하다.

후기

이 내러티브와 관련된 두 가지 사항을 언급할 가치가 있다.

첫째, 밥 존스 대학교는 몇 년 동안의 경고 후 1976년 1월 19일 면세 지위를 상실했다. 지미 카터가 1980년 대통령 선거에서 재선을 위해 출마했을 때 그에 대한 종교적 우파의 불만 중 하나는 카터 행정부의 국세청이 복음주의 학교들의 면세를 박탈하고 있다는 것이었다.

1976년 1월 19일 그날을 다시 살펴보면 그 비난이 얼마나 비열했는지가 드러난다. 그날은 카터에게 중요한 날이었지만, 밥 존스 대학교에 불리한 조치에 그가 어느 모로든 책임이 있었기 때문에 중요한 날은 아니었다. 그날은 카터가 아이오와주 당원 대회에서 과반수를 얻어 승리한 날이었는데, 이는 민주당 대통령 후보 지명을 위한 중요한 첫 단계였다. 카터는 밥 존스 대학교가 면세 지위를 상실하고 나서 1년 1일 **뒤에** 대통령직에 취임했다. 그 대학교가 면세 지위를 상실했을 때는 카터가 아니라 제럴드 R. 포드가 대통령이었다.

두 번째 사항도 이 일과 관련이 있다. 레이건 행정부는 인종을 차별하는 사립학교의 면세 지위를 부정한 국세청 지침을 폐지할 것이라고 발표했는데, 그 조치를 통해 밥 존스 대학교는 면세 지위를 회복했다. 대중의 격렬한 항의로 레이건 행정부는 그것을 재고할 수밖에 없었다. 로널드 레이건은 그런 문제들은 사법부가 아니라 입법부가 결정해야 한다고 말함으로써 후퇴했다. 밥 존스 대학교는 같은 해 10월에 연방 대법원에 상고했는데, 그 대학교는 자기들이 면세 지위와 인종 정책 모두를 유지해야 한다고 주장했다. 레이건 행정부가 사실상 그 소송을 포기했

기 때문에 법원은 제3자—포드 행정부의 내각 구성원이
자 미국 흑인지위향상협회(NAACP) 법적 방어 기금(Legal
Defense Fund) 회장인 윌리엄 T. 쿨먼(William T. Coleman)—
를 임명하는 이례적인 조치를 취해 국세청의 입장을 방어
하는 보고서를 제출하게 했다.[1]

1983년 5월 24일에 내려진 **밥 존스 대학교 대 미국**
(*Bob Jones University v. United States*) 소송의 대법원 결정에서
그 대학교는 8:1로 패했다. 3년 뒤 레이건은 유일하게 반
대 의견을 낸 윌리엄 렌퀴스트(William Rehnquist)를 연방
대법원장으로 승진시켰다.[2]

---

1   Joseph Crespino, "Civil Rights and the Religious Right," in *Rightward Bound: Making America Conservative in the 1970s*, ed. Bruce J. Schulman and Julian E. Zelizer (Cambridge, MA: Harvard University Press, 2008), 104-5.

2   밥 존스 대학교 소송에 관해서는 Olatunde C. Johnson, "The Story of *Bob Jones University v. United States* (1983): Race, Religion, and Congress' Extraordinary Acquiescence," in *Statutory Interpretation Stories*, ed. William Eskridge, Philip P. Frickey, and Elizabeth Garrett (New York: Foundation Press, 2010), 126-65을 보라.

추가로 읽을 자료

Balmer, Randall. *Redeemer: The Life of Jimmy Carter.* New York: Basic Books, 2014.

Cannon, Mae Elise, et al. *Forgive Us: Confessions of a Compromised Faith.* Grand Rapids: Zondervan, 2014.

Collins, John. *What Are Biblical Values? What the Bible Says on Key Ethical Issues.* New Haven: Yale University Press, 2019.

Cromartie, Michael, ed. *No Longer Exiles: The Religious New Right in American Politics.* Washington, DC: Ethics and Public Policy Center, 1993.

Denker, Angela. *Red State Christian: Understanding the Voters Who Elected Donald Trump.* Minneapolis: Fortress, 2019.

Du Mez, Kristen Kobes. *Jesus and John Wayne: How White Evangelicals Corrupted a Faith and Fractured a Nation.* New York: Liveright, 2020.

Fea, John. *Believe Me: The Evangelical Road to Donald Trump.* Grand Rapids: Eerdmans, 2020.

Gilgoff, Dan. *The Jesus Machine: How James Dobson, Focus on the Family, and Evangelical America Are Winning the Culture War.* New York: St. Martin's, 2007.

Glaude, Eddie S., Jr. *Democracy in Black: How Race Still Enslaves the American Soul.* New York: Crown, 2017.

Harper, Lisa Sharon. *Evangelical Does Not Equal Republican or Democrat.* Foreword by John M. Perkins. New York: New Press, 2008.

_____. *The Very Good Gospel: How Everything Wrong Can Be Made Right.* Foreword by Walter Brueggemann. Colorado Springs: WaterBrook & Multnomah, 2016.

Ingersoll, Julie J. *Building God's Kingdom: Inside the World of Christian Reconstruction.* New York: Oxford University Press, 2015.

Jennings, Willie James. *The Christian Imagination: Theology and the Origins of Race.* New Haven: Yale University Press, 2011.

Jones, Robert P. *White Too Long: The Legacy of White Supremacy in American Christianity.* New York: Simon & Schuster, 2020.

Keddie, Tony. *Republican Jesus: How the Right Has Rewritten the Gospels.* Berkeley: University of California Press, 2020.

Lucks, Daniel S. *Reconsidering Reagan: Racism, Republicans, and the Road to Trump.* Boston: Beacon, 2020.

Martin, Walter. *Abortion: Is It Always Murder?* Santa Ana, CA: Vision House, 1977.

Martin, William. *With God on Our Side: The Rise of the Religious Right in America.* New York: Broadway Books, 1996.

Moore, Andrew S., ed. *Evangelicals and Presidential Politics: From Jimmy Carter to Donald Trump.* Baton Rouge: Louisiana State University Press, 2021.

Nelson, Anne. *Shadow Network: Media, Money, and the Secret Hub of the Radical Right.* New York: Bloomsbury, 2019.

Posner, Sarah. *Unholy: Why White Evangelicals Worship at the Altar of Donald Trump.* New York: Random House, 2020.

Schaeffer, Frank. *Crazy for God: How I Grew Up as One of the Elect, Helped Found the Religious Right, and Lived to Take All (or Almost All) of It Back.* New York: Carroll & Graf, 2007.

Schulman, Bruce J., and Julian E. Zelizer, eds. *Rightward Bound: Making America Conservative in the 1970s.* Cambridge: Harvard University Press, 2008.

Sider, Ronald J., ed. *The Spiritual Danger of Donald Trump: 30 Evangelical Christians on Justice, Truth, and Moral Integrity.* Eugene, OR: Cascade Books, 2020.

Stevens, Stuart. *It Was All a Lie: How the Republican Party Became*

Donald Trump. New York: Alfred A. Knopf, 2020.

Stewart, Katherine. *The Power Worshippers: Inside the Dangerous Rise of Religious Nationalism.* New York: Bloomsbury, 2020.

Stout, Jeffrey. *Democracy and Tradition.* Rev. ed. Princeton: Princeton University Press, 2004.

Sutton, Matthew Avery. *American Apocalypse: A History of Modern Evangelicalism.* Cambridge, MA: Harvard University Press, 2014.

Swartz, David R. *Moral Minority: The Evangelical Left in an Age of Conservatism.* Philadelphia: University of Pennsylvania Press, 2012.

Thomas, Cal, and Ed Dobson. *Blinded by Might: Can the Religious Right Save America?* Grand Rapids: Zondervan, 1999.

West, Cornel. *Race Matters.* Boston: Beacon, 2017.

Whitehead, Andrew L., and Samuel L. Perry. *Taking America Back for God: Christian Nationalism in the United States.* New York: Oxford University Press, 2020.

Williams, Daniel K. *Defenders of the Unborn: The Pro-Life Movement before* Roe v. Wade. New York: Oxford University Press, 2016.

_____. *God's Own Party: The Making of the Christian Right.* New York: Oxford University Press, 2012.

Winters, Michael Sean. *God's Right Hand: How Jerry Falwell Made God a Republican and Baptized the American Right.* San Francisco: HarperOne, 2012.

Ziegler, Mary. *Abortion and the Law in America: Roe v. Wade to the Present.* Cambridge: Cambridge University Press, 2020.

미국 종교적 우파의 기원과 본질

낙태와 동성애 이면에 감춰진 인종차별이라는 불편한 진실

Copyright ⓒ 새물결플러스 2025

1쇄 발행 2025년 10월 22일

지은이 랜달 발머
옮긴이 노동래
펴낸이 김요한
펴낸곳 새물결플러스

편 집 왕희광 정인철 노재현 이형일 나유영
디자인 황진주 김은경
마케팅 박성민
총 무 김명화 이성순
영 상 최정호
아카데미 차상희

홈페이지 www.holywaveplus.com
이메일 hwpbooks@hwpbooks.com
출판등록 2008년 8월 21일 제2008-24호
주 소 (우) 04114 서울시 마포구 신촌로28가길 29
전 화 02) 2652-3161
팩 스 02) 2652-3191

ISBN 979-11-6129-308-0 93230

책값은 뒤표지에 있습니다.